CB064957

CHARLES BAUDELAIRE

O POEMA
DO HAXIXE

Tradução e notas
Eduardo Brandão

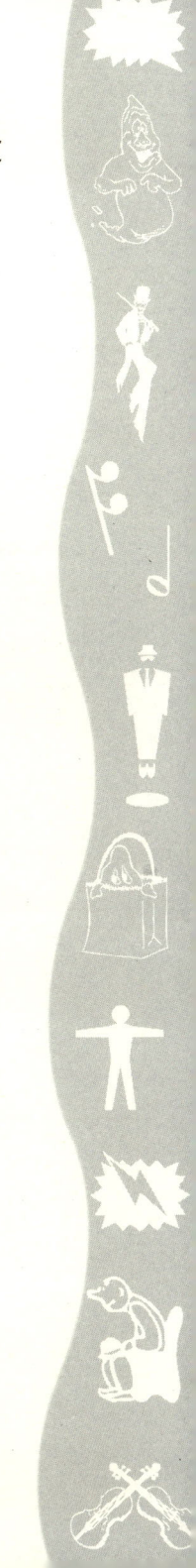

Coleção *B*

Copyright © 2003 Editora Aquariana
Título original: *Le Poème de L'Haxixe*, 1858

Revisão: Wagner de Mello D'Ávila
Jefferson Donizetti de Oliveira
Editoração eletrônica: Ediart
Capa: Niky Venâncio

**CIP – Brasil – Catalogação na Fonte
Sindicato Nacional dos Editores de Livros, RJ**

B339p

Baudelaire, Charles, 1821-1867
  O poema do haxixe
/ Charles Baudelaire / tradução e notas Eduardo Brandão
/ apresentação Fernando Alves. - São Paulo : Aquariana,
2003 . - (Coleção B)

  Tradução de: Le poème de l'haxixe
  ISBN 85-7217-088-X

  1. Alucinógenos. 2. Toxicomania. 3. Haxixe. 4. Escritores - Uso de drogas.
  I. Brandão, Eduardo, 1946-. II Título. III Série.

03-1716.
  CDD 848
  CDU 821.133.1-8
  004104

Direitos reservados:
Editora Aquariana Ltda.
Rua Lacedemônia, 68 – Vila Alexandria
04634-020 São Paulo - SP
Tel.: (0xx11) 5031.1500 / Fax: 5031.3462
E-mail: aquariana@ground.com.br
Site: www.ground.com.br

SUMÁRIO

Apresentação, 7

A J.G.F., 13

1. O Gosto do Infinito, 15
2. O que é o Haxixe?, 21
3. O Teatro de Serafim, 27
4. O Homem-Deus, 51
5. Moral, 67

Notas, 73

APRESENTAÇÃO

Precursor do movimento Simbolista, Charles-Pierre Baudelaire nasceu em Paris, em 1821. Sua vida pautou-se pelos desentendimentos com o padrasto, que em determinado momento buscou afastá-lo da França, enviando-o à Índia. Sua intenção – fracassada – era recuperá-lo da vida boêmia que levava em Paris. A viagem foi interrompida nas Ilhas Maurício e Baudelaire voltou para seu país. Nem mesmo submetendo o poeta a um conselho judicial o padrasto logrou obter bons resultados.

Poeta e ensaísta, Baudelaire destacou-se sobretudo pelo livro *Les fleurs du mal* (As flores do mal), de 1857. Com métrica e rima perfeitas, os versos dos poemas dessa obra vagueiam por temas ora sublimes, ora verdadeiramente escandalosos para sua época. Como crítico de arte, sua obra mais expressiva foi *L'art romantique* (A arte romântica), de 1860, por intermédio da qual estreitou seus laços com o escritor Edgar Allan Poe. Outros ensaios, como *Les paradis artificiels* (Os paraísos artificiais), versam sobre a ingestão de drogas e seus efeitos estéticos.

A censura perseguiu, como não é difícil imaginar, as obras de Baudelaire. Poemas de "As flores do mal" foram, por ordem judicial, cortados do livro por seu caráter imoral; o processo que o determinava foi anulado somente em 1949!

Faleceu em 1867, vitimado por complicações oriundas de sua vida desregrada, notadamente pela intoxicação causada pelo consumo de éter e ópio há mais de uma década.

O poema do haxixe, que ora apresentamos, foi escrito justamente nessa fase, precisamente em 1858. "Eu teria o maior prazer em só escrever para os mortos" (p. 14): as palavras de Baudelaire, constantes da dedicatória, são perfeitas para indicar ao leitor de hoje a atmosfera em que foi escrita a obra.

O livro em si, no entanto, vicia – no sentido de que é impossível interromper sua leitura, ainda que o ambiente seja escuro, que haja uma intimidade cativante na voz de um narrador em primeira pessoa e que por vezes sintamos as sensações dos personagens: "Do mesmo modo que de uma droga temível, o ser humano goza o privilégio de poder tirar prazeres novos e sutis até mesmo da dor, da catástrofe e da fatalidade" (p. 14).

O livro divide-se em cinco capítulos.

No primeiro, "O Gosto do Infinito", Baudelaire trata das drogas de forma generalizada, bem como da postura do homem – do século XIX – perante sua utilização. Sobretudo, ele mostra a que vem seu texto:

> "A análise dos efeitos misteriosos e dos prazeres mórbidos que essas drogas podem engendrar, dos castigos inevitáveis que resultam de seu uso prolon-

gado e, enfim, da própria imortalidade implícita nessa busca de um falso ideal, constitui o tema deste estudo" (p. 18).

Afinal, como usuário de ópio contumaz (o ópio é a outra droga a que ele faz referência no texto acima transcrito) e poeta extraordinário, ninguém melhor do que ele para exprimir os efeitos da droga e nos oferecer pérolas como: "O espírito humano regurgita de paixões" (p. 17).

No segundo capítulo, "O que é o Haxixe?", o título é auto-explicativo: o autor descreve o haxixe desde a sua origem, comentando também a etimologia da palavra.

"O Teatro de Serafim" (título do terceiro capítulo) traz uma ilustração dos efeitos do haxixe por intermédio de três narrativas que Baudelaire chama de anedotas. Essas narrativas correspondem às três fases do efeito da droga. Na primeira fase, sente-se "certa hilaridade, despropositada, irresistível, que toma conta de você" (p. 31). Em seguida,

> "há como que uma acalmia momentânea. Mas novos acontecimentos logo se anunciam por uma sensação de frescor nas extremidades (que pode inclusive tornar-se frio intenso em alguns indivíduos) e uma grande fraqueza em todos os membros; você fica desajeitado e, em sua cabeça, sente um estupor e uma estupefação embaraçadores"(p. 37).

Enfim, na terceira fase, "vêm os equívocos, as confusões e as transposições de idéias. Os sons revestem-se de cores, e as cores contêm uma música"(p. 41).

Essa última fase nada mais é que o tema da correspondência entre as artes, tema caríssimo a Baudelaire, cuja exploração rendeu-lhe mais do que notoriedade, mas sobretudo o prêmio de servir de base para a geração de simbolistas franceses que o sucederiam, como, por exemplo, Mallarmé.

Nem por isso, no entanto, o autor deixa de se concentrar no assunto em questão, advertindo o leitor:

"Que as pessoas cultas e os ignorantes, curiosos em conhecer prazeres excepcionais, saibam, portanto, que não encontrarão no haxixe nada de milagroso, absolutamente nada além do natural em excesso" (p. 29).

No quarto capítulo, "O Homem-Deus", em meio a inúmeras referências metalingüísticas, isto é, muitos comentários do autor sobre a obra que ele escreve, inicia-se a discussão da moral... "quero definir e analisar o estrago moral causado por essa ginástica perigosa" (p. 54).

E "Moral" é justamente o nome do quinto capítulo, que encerra o texto dando ao homem sua medida: "O haxixe não revela ao indivíduo nada mais que o próprio indivíduo." (p. 70). Nesse capítulo, Baudelaire troca as anedotas por um personagem único, criado por ele para melhor explicar a questão moral: esse indivíduo fictício, viciado em haxixe, acredita ser Deus!

"Será preciso acrescentar que o haxixe, como todos os prazeres solitários, torna o indivíduo inútil aos homens, e a sociedade supérflua ao indivíduo, levando-o a admirar sem cessar a si próprio e precipitando-o dia-a-dia no abismo luminoso em que ela admira o seu rosto de Narciso" (p. 70).

É difícil afirmar qual seria exatamente a postura de Baudelaire em face do uso do haxixe. Há momentos em que ele parece caminhar para sua apologia; em outros (a maioria), ele o condena. Fica-nos a impressão de que ele, um homem maduro e experiente no uso de drogas, guarda sobretudo uma dúvida sobre o haxixe:

"Dizem, e é quase verdade, que esta substância não causa nenhum mal físico, nenhum mal grave, pelo menos. Mas acaso podemos afirmar que um homem incapaz de ação e bom somente para os sonhos está de fato bem, ainda que todos os seus membros estejam em bom estado"? (p. 67).

E nisso parece residir sua "poesia"... Boa leitura!

Fernando Alves *
Diretor da Coleção *B*

---

* Formado em Letras Clássicas e Vernáculas da USP, tradutor e autor de obras de poesia e contos e do "Dicionário de expressões estrangeiras correntes na língua portuguesa".

A
J. G. F.

Minha querida amiga,

O bom senso nos diz que as coisas da terra existem muito pouco e que a verdadeira realidade está tão-somente nos sonhos. Para digerir a felicidade natural, assim como a artificial, é preciso, antes de mais nada, ter a coragem de engoli-la; e, talvez, os que mereceriam a felicidade são justamente aqueles para quem a felicidade, como a concebem os mortais, sempre surtiu o efeito de um vomitivo.

Aos espíritos simplórios, parecerá singular, e até impertinente, que um quadro das volúpias artificiais seja dedicado a uma mulher, a fonte mais comum das volúpias mais naturais. Todavia, é evidente que, enquanto o mundo natural penetra no espiritual, serve-lhe de alimento e concorre, assim, para operar este amálgama indefinível que denominamos nossa individualidade, a mulher é o ser que proteje a maior sombra ou a maior luz em nossos sonhos. A mulher é fatalmente sugestiva, ela vive uma outra vida que não a sua própria; ela vive espiritualmente nas imaginações que obceca e fecunda.

Aliás, tem muito pouca importância que a razão desta dedicatória seja compreendida. Será mesmo necessário, para o contentamento do autor, que um livro qualquer seja compreendido, exceto por aquele ou aquela para quem foi composto? Para dizer tudo, enfim, indispensável que tenha sido escrito para alguém? No que me concerne, tenho tão pouca simpatia pelo mundo vivo, que, igual a essas mulheres sensíveis e desocupadas que, segundo dizem, mandam pelo correio suas confidências para amigas imaginárias, eu teria o maior prazer em só escrever para os mortos.

Mas não é a uma morta que dedico este livrinho; é a uma que, embora doente, está sempre ativa e viva em mim e que, agora, volta todos os seus olhares para o céu, esse lugar de todas as transfigurações. Pois, do mesmo modo que de uma droga temível, o ser humano goza o privilégio de poder tirar prazeres novos e sutis até mesmo da dor, da catástrofe e da fatalidade.

Você verá nesse quadro um passeante sombrio e solitário, imerso no turbilhão movente das multidões e mandando seu coração e seu pensamento a uma Electra longínqua que enxugava outrora sua fronte banhada de suor e refrescava seus lábios apergaminhados pela febre; e adivinhará a gratidão de outro Orestes, cujos pesadelos tantas vezes você vigiou, e de quem você dissipava, com a mão leve e maternal, o sono pavoroso. (1)

C.B.

1

O GOSTO DO INFINITO

Os que sabem observar-se e que guardam a lembrança de suas impressões, aqueles que, como Hoffmann, foram capazes de construir seu barômetro espiritual, notaram, algumas vezes, no observatório do seu pensamento, belas estações, dias felizes, minutos deliciosos. Há dias em que o homem desperta com um humor jovem e vigoroso. Mal suas pálpebras se livram do sono que as selava, o mundo exterior se oferece a ele com um forte relevo, uma nitidez de contornos e uma riqueza de cores admiráveis. O mundo moral abre suas vastas perspectivas, cheias de claridades novas. O homem gratificado por essa beatitude, infelizmente rara e passageira, sente-se a um tempo, mais artista e mais justo, mais nobre, para dizer tudo com uma só palavra. No entanto, o que há de mais singular nesse estado excepcional do espírito e dos sentidos, que posso chamar sem exagero de paradisíaco, se o comparo às pesadas trevas da existência comum e cotidiana, é não ter sido criado por nenhuma causa visível e fácil de ser definida. Será o resultado de uma boa higiene e de um regime inteligente? Essa é a primeira explicação que se apresenta ao espírito; mas somos obrigados a reconhecer que, muitas vezes, essa maravilha, essa espécie de prodígio, produz-se como se fosse o efeito de uma força superior e invisível, externa ao homem, após um período em que este abusou de suas faculdades físicas. Diremos que é a recompensa da prece assídua e dos ardores espirituais? É certo que uma elevação constante do desejo, uma tensão das forças espirituais para o céu, seria o regime mais propício a criar essa saúde moral tão brilhante e tão gloriosa; mas em virtude de que lei absurda ela se manifesta, às vezes, depois de culposas orgias da imaginação, depois de um abuso sofístico da razão, que está para seu uso honesto e razoável assim como o contorcionismo está para a ginástica sadia? Por isso, prefiro considerar essa condição anormal do espírito como uma verdadeira graça, como um espelho mágico em que o homem é convidado a ver-se belo, isto é, como ele deveria e poderia ser; uma espécie de excitação angélica, uma admoestação em forma cerimoniosa. Do mesmo modo, certa escola espiritualista, que tem seus representantes na Inglaterra e na América, considera os fenômenos sobrenaturais – como as aparições de fantasmas, as almas penadas etc. – manifestações da vontade divina, atenta em despertar no espírito do homem a lembrança das realidades invisíveis.

Aliás, esse estado encantador e singular, em que todas as forças se equilibram; em que a imaginação, embora maravilhosamente poderosa, não arrasta o sentido moral a perigosas aventuras; em que uma sensibilidade refinada não é mais torturada por nervos doentes, esses conselheiros ordinários do crime e do desespero – esse estado maravilhoso, dizia eu, não tem sintomas premonitórios. É tão imprevisto quanto o fantasma. É uma espécie de obsessão, mas uma obsessão intermitente, da qual deveríamos tirar, se fôssemos sensatos, a certeza de uma existência melhor e a esperança de alcançá-la mediante o exercício cotidiano da nossa vontade. Essa acuidade de pensamento, esse entusiasmo dos sentidos e do espírito, devem ter aparecido ao homem, em todos os tempos, como o primeiro dos bens; por isso, considerando apenas a volúpia imediata, ele, sem se inquietar por violar as leis da sua constituição, procurou na ciência física, na farmacologia, nas bebidas mais grosseiras, nos perfumes mais sutis, sob todos os climas e em todos os tempos, os meios de fugir, ainda que por algumas horas apenas, de seu habitáculo de lama e, como diz o autor de *Lazare* (2), "arrebatar o paraíso de um só golpe". Ai! Os vícios do homem, por mais cheios de horror os suponhamos, contêm a prova (não fosse por sua infinita expansão!) do gosto dele pelo infinito; só que esse gosto se engana freqüentemente de caminho. Poderíamos tomar num sentido metafórico o provérbio vulgar, todos os caminhos levam a Roma, e aplicá-lo ao mundo moral: tudo leva à recompensa ou ao castigo, duas formas da eternidade. O espírito humano regurgita de paixões; ele as tem para dar e vender, se me permitem outra locução trivial; mas esse infeliz espírito, cuja depravação natural é tão grande quanto a sua súbita, quase paradoxal, aptidão à caridade e às virtudes mais árduas, é fecundo em paradoxos que lhe permitem empregar para o mal o excesso dessa paixão transbordante. Ele nunca acredita vender-se em bloco. Esquece, em seu enfatuamento estar brincando com alguém mais esperto e mais forte que ele, e que o Espírito do Mal, mesmo quando só lhe entregamos um fio de cabelo, não tarda em levar a cabeça. Esse senhor visível da natureza visível (estou falando do homem) quis, portanto, criar o paraíso pela farmácia, pelas bebidas fermentadas, qual um maníaco que substituiria moveis sólidos e jardins verdadeiros por cenários pintados em tela e montados em chassi. Para mim está nessa depravação do sentido do infinito o motivo de todos os excessos culposos, da embriaguez concentrada e solitária do literato – que, sendo obrigado a buscar no ópio um alívio para uma dor física e, tendo descoberto, assim, uma fonte de prazeres mórbidos, dele fez pouco a pouco sua única higiene e como que o sol da sua vida espiritual –, à embriaguez mais repugnante dos subúrbios, que, o cérebro cheio de ardor e de glória, rola-se ridiculamente no lixo da rua.

Entre as drogas mais propícias a criar o que denomino ideal artificial, deixando de lado as bebidas, que levam rapidamente à fúria material e arrasam a força espiritual, e os perfumes, cujo uso excessivo, ao passo que torna a imaginação do homem mais sutil, esgota gradativamente suas forças físicas, as duas substâncias mais energéticas, aquelas cujo emprego é mais cômodo e mais ao alcance da mão, são o haxixe e o ópio. A análise dos efeitos misteriosos e dos prazeres mórbidos que essas drogas podem engendrar, dos castigos inevitáveis que resultam de seu uso prolongado e, enfim, da própria imortalidade implícita nessa busca de um falso ideal, constitui o tema deste estudo.

O trabalho sobre o ópio foi feito, e de uma maneira tão brilhante, médica e poética ao mesmo tempo, que eu não ousaria acrescentar nada a esse respeito.

Contentar-me-ei, portanto, noutro estudo, em analisar esse livro incomparável, que nunca foi traduzido integralmente na França. O autor, homem ilustre, de imaginação poderosa e refinada, hoje retirado e silencioso, ousou, com candura trágica, narrar os prazeres e torturas que encontrou outrora no ópio, e a parte mais dramática de seu livro é aquela em que fala dos esforços de vontade sobre-humanos que precisou fazer para escapar à danação à qual ele próprio se destinara imprudentemente.

Hoje, falarei tão-somente do haxixe. Farei isso com base em inúmeras e minuciosas informações, tiradas das notas ou confidências de homens inteligentes, que se entregaram bastante tempo a essa droga. Só que fundirei esses documentos variados numa espécie de monografia, escolhendo uma alma, fácil aliás de explicar e definir, como tipo adequado às experiências dessa natureza.

2

O QUE É O HAXIXE?

As narrativas de Marco Polo, de que se fez injustamente pouco caso, assim como as de outros viajantes antigos, foram verificadas pelos cientistas e são dignas de nosso crédito. Não contarei como, segundo ele, o Velho da Montanha (3) prendia num jardim cheio de delícias, depois de tê-los embriagado com haxixe (donde haxixinos ou assassinos), seus mais jovens discípulos aos quais queria dar uma idéia do paraíso, recompensa entrevista, por assim dizer, de uma obediência passiva e irrefletida. No que diz respeito à sociedade secreta dos haxixinos, o leitor pode consultar o livro do Sr. De Hammer e a memória do Sr. Silvestre de Sacy, contida no tomo XVI das *Mémoires de l'Académie des Inscriptions et Belles-Lettres*; e, relativamente à etimologia da palavra assassino, sua carta ao redator do *Moniteur*, inserida no número 359 do ano de 1809. Heródoto conta que os citas amontoavam grãos de cânhamo, nos quais jogavam pedras incandescidas ao fogo. Para eles, era como um banho de vapor mais perfumado que o de qualquer estufa grega, e o prazer que proporcionava era tão vivo que lhes arrancava gritos de alegria.

O haxixe, com efeito, vem-nos do Oriente; as propriedades excitantes do cânhamo eram bem conhecidas no antigo Egito e seu uso bastante difundido, com diferentes nomes, na Índia, Argélia e na *Arabia Felix* (4). Mas temos perto de nós, sob os nossos olhos, exemplos curiosos da embriaguez causada pelas emanações vegetais. Sem falar das crianças que, depois de brincarem e rolarem em montes de alfafa cortada, sentem muitas vezes vertigens singulares, sabemos que, quando se faz a colheita do cânhamo, os trabalhadores de ambos os sexos sofrem efeitos análogos. Dir-se-ia que da colheita eleva-se um miasma que perturba maliciosamente o cérebro deles. A cabeça do ceifeiro fica cheia de turbilhões, às vezes carregada de sonhos. Em certos instantes, os membros debilitam-se e recusam-se a agir. Ouvimos falar de crises sonambúlicas bastante freqüentes de camponeses russos, cuja causa, dizem, deve ser atribuída ao emprego do óleo de semente de cânhamo na preparação dos alimentos. Quem não conhece a extravagância das galinhas que comeram grãos de cânhamo e o entusiasmo fogoso dos cavalos que os camponeses, nos casamentos e festas dos padroeiros, preparam para uma corrida pelos campos com uma ração de cânhamo algumas vezes acrescida de vinho?

No entanto, o cânhamo francês não presta para transformar-se em haxixe ou, pelo menos, segundo repetidas experiências, é impróprio para dar uma droga tão forte quanto o haxixe. O haxixe, ou cânhamo indiano, *cannabis indica*, é uma planta da família das urticáceas (5) em tudo semelhante ao cânhamo dos nossos climas, à parte o fato de não alcançar a mesma altura. Possui propriedades inebriantes extraordinárias que, desde há anos, atraíram, na França, a atenção dos cientistas e das pessoas cultas. É mais ou menos estimado, segundo a sua proveniência: o de Bengala é o mais apreciado pelos amadores; no entanto, os do Egito, de Constantinopla, da Pérsia e da Argélia têm as mesmas propriedades, mas num grau inferior.

O haxixe (ou erva, isto é, a erva por excelência, como se os árabes tivessem querido definir com uma só palavra a *erva*, fonte de todas as volúpias imateriais) tem diferentes nomes, conforme a sua composição e o modo de preparação por que passou no país em que foi colhido: na Índia, *bangie*; na África, *teriaki*; na Argélia e na Arábia, *madjund* etc. Não é indiferente colhê-lo em qualquer época do ano: ele possui a sua maior energia quando está em flor; por conseguinte, as extremidades floridas são as únicas partes empregadas nas diferentes preparações, sobre as quais precisamos dizer algumas palavras.

O extrato oleoso do haxixe, como preparam os árabes, é obtido fervendo-se as extremidades da planta fresca na manteiga, com um pouco de água. Após a evaporação completa de toda a umidade, passa-se na peneira, obtendo-se, assim, uma preparação que tem a aparência de uma pomada de cor amarelo-esverdeado e que conserva um cheiro desagradável de haxixe e manteiga rançosa. Nessa forma, é empregada em pequenas bolinhas de dois a quatro gramas; mas, devido a seu odor repugnante que aumenta com o decorrer do tempo, os árabes transformam o extrato oleoso em geléias.

A mais usual dessas, o *dawamesk*, é uma mistura de extrato oleoso, açúcar e diversas especiarias: baunilha, canela, pistache, amêndoa, almíscar. Algumas vezes, inclusive, acrescentam um pouco de cantárida, com uma finalidade que nada tem em comum com os resultados ordinários do haxixe. Nessa nova forma, o haxixe não tem nada de desagradável e pode ser tomado em doses de quinze, vinte e trinta gramas, seja enrolado numa folha de hóstia, seja numa xícara de café.

As experiências feitas pelos Srs. Smith, Gestinel e Decourtive tiveram por objetivo lograr a descoberta do princípio ativo do haxixe. Apesar dos esforços, a composição química ainda é pouco conhecida; mas atribuem geralmente suas propriedades a uma substância resinosa que nele se encontra em dose bastante considerável, na proporção de dez por cento aproximadamente. Para obter a resina, reduz-se a planta seca a pó grosso e lava-se várias vezes o pó com álcool, destilado em seguida, para retirá-lo em parte; trata-se o extrato com água, que dissolve as substâncias gomosas estranhas, ficando então a resina em estado puro.

Esse produto é mole, de cor verde-escura e possui, em alto grau, o cheiro característico do haxixe. Cinco, dez, quinze centigramas bastam para produzir efeitos surpreendentes. Mas a haxixina, que pode ser tomada sob a forma de pastilhas de chocolate ou pequenas pílulas gengibradas, produz, como o *dawamesk* e o extrato oleoso, efeitos mais ou menos vigorosos e de natureza variadíssima, conforme o temperamento dos indivíduos e sua suscetibilidade nervosa. Melhor ainda, o resultado varia no mesmo indivíduo. Ora será uma alegria imoderada e irresistível, ora uma sensação de bem-estar e plenitude de vida, outras vezes um sono equívoco e perturbado por sonhos. No entanto, existem fenômenos que se reproduzem com bastante regularidade, principalmente em pessoas de temperamento e educação análogos; há uma espécie de unidade na variedade que me permitirá redigir sem maior dificuldade essa monografia da embriaguez de que falei pouco antes.

Em Constantinopla, na Argélia e mesmo na França, algumas pessoas fumam haxixe misturado com tabaco; mas, nesse caso, os fenômenos em questão só se produzem de forma muito moderada e, por assim dizer, preguiçosa. Ouvi dizer que haviam tirado recentemente do haxixe, por destilação, um óleo essencial que parece possuir uma virtude muito mais ativa do que todas as preparações conhecidas até aqui; mas não foi bastante estudado para que eu possa falar com certeza dos seus resultados. Não é supérfluo acrescentar que o chá, o café e as bebidas alcoólicas são adjutórios poderosos que aceleram mais ou menos a eclosão dessa embriaguez misteriosa.

3

O TEATRO
DE SERAFIM (6)

O que a gente sente? O que a gente vê? Coisas maravilhosas, não é? Espetáculos extraordinários? É bonito? Terrível? Perigoso? Essas as questões ordinárias que os ignorantes dirigem aos adeptos, com uma curiosidade mista de temor. Dir-se-ia uma impaciência infantil, quem sabe, igual à das pessoas que nunca saíram de casa quando se encontram diante de um homem que volta de países distantes e desconhecidos. Elas imaginam a embriaguez do haxixe como sendo um país prodigioso, um vasto teatro de prestidigitação e escamoteação, onde tudo é milagroso e imprevisto. Isto é um preconceito, um equívoco completo. Já que, para o leitor e o curioso comum, a palavra haxixe comporta a idéia de um mundo estranho e agitado, a expectativa de sonhos prodigiosos (seria melhor dizer alucinações, as quais são menos freqüentes, aliás, do que se supõe), frisarei desde já a importante diferença que separa os efeitos do haxixe dos fenômenos do sono. No sono, essa viagem aventurosa de todas as noites, há algo de positivamente miraculoso, é um milagre cuja pontualidade atenuou o mistério. Os sonhos do homem são de duas classes. Uns, prenhes de sua vida ordinária, de suas preocupações, desejos, vícios, se combinam de maneira mais ou menos bizarra com os objetos entrevistos durante o dia que se fixaram indiscretamente na vasta tela da memória. Eis o sonho natural: ele é o próprio homem. Mas e a outra espécie de sonho? O sonho absurdo, imprevisto, sem atinência nem conexão com o caráter, a vida e as paixões do adormecido! Esse sonho, que chamarei de hieroglífico, representa evidentemente o lado sobrenatural da vida, e é justamente por ser absurdo que os antigos acharam-no divino. Como é inexplicável pelas causas naturais, atribuíram-lhe uma causa exterior ao homem; e ainda hoje, sem falar nos oniromantes, existe uma escola filosófica que vê nos sonhos desse gênero, ora uma repreensão, ora um conselho; em suma, um quadro simbólico e moral, engendrado pelo próprio espírito do homem que dorme. É um dicionário a ser estudado, uma língua cuja chave os sábios podem obter.

Na embriaguez do haxixe, não há nada de semelhante. Não sairemos do sonho natural. A embriaguez, em toda a sua duração, é verdade, não será mais que um imenso sonho, graças à intensidade das cores e à rapidez das concepções; mas ela sempre conservará a tonalidade particular do indivíduo. O homem quis sonhar, o sonho governará o homem; mas esse sonho será a imagem do seu sonhador. O ocioso fez o que pôde para introduzir artificialmente o sobrenatural em sua vida e em seu pensamento; porém, apesar de tudo e não obstante a energia acidental das suas sensações, ele é tão-somente o mesmo homem aumentado, o mesmo número elevado a uma altíssima potência. É subjugado; mas, por infelicidade sua, o é apenas por si próprio, ou seja, pela parte já dominante dele mesmo; quis bancar o anjo e tornou-se um monstro, momentaneamente muito forte, se é que podemos chamar de força uma sensibilidade excessiva, sem controle para moderá-la ou explorá-la.

Que as pessoas cultas e os ignorantes, curiosos em conhecer prazeres excepcionais, saibam, portanto, que não encontrarão no haxixe nada de milagroso, absolutamente nada além do natural em excesso. O cérebro e o organismo sobre os quais atua o haxixe só proporcionarão fenômenos ordinários, individuais, aumentados, é verdade, quanto ao número e à energia, mas sempre fiéis à sua origem. O homem não escapará à fatalidade de seu temperamento físico e moral; o haxixe será, para as impressões e os pensamentos familiares do homem, não um espelho de aumento, mas um simples espelho.

Eis a droga diante de seus olhos: um pouco de geléia verde, grande como uma noz, de cheiro singular, a tal ponto que provoca certa repulsa e veleidades de náusea, como aconteceria, aliás, com todo cheiro fino e até mesmo agradável levado à sua força e, por assim dizer, à sua densidade máximas. Permitam-me notar, de passagem, que essa proposição pode ser invertida e que o perfume mais repugnante, mais revoltante, tornar-se-ia talvez um prazer se fosse reduzido ao mínimo em quantidade e expansão. Aqui está a felicidade! Ela enche a capacidade de uma pequena colher! A felicidade, com todas as suas criancices! Podem engolir sem medo: não mata ninguém. Seus órgãos físicos não sofrerão qualquer agressão. Mais tarde, talvez o recurso demasiado freqüente ao sortilégio diminua a força de sua vontade, talvez você seja menos homem do que é hoje; mas o castigo está tão distante, e o desastre futuro é de uma natureza muito difícil de definir! O que você arrisca? Amanhã, um pouco de fadiga nervosa. Você acaso não arrisca todos os dias castigos muito maiores por recompensas menores? Assim sendo, você mesmo diluiu sua dose de extrato oleoso para dar-lhe mais força e expansão numa xícara de café preto; tomou a precaução de estar de estômago vazio, recuando para as nove ou dez horas da noite a refeição substancial, a fim de deixar ao veneno inteira liberdade de ação; quando muito, daqui a uma hora você tomará uma sopa leve. Agora, está suficiente-mente abastecido para uma longa e singular viagem. O vapor apitou, o velame está orientado e você tem, em relação aos viajantes ordinários, a curiosa vantagem de ignorar para onde vai. Foi você quem quis! Viva a fatalidade!

Suponho que teve a precaução de escolher bem o momento para a aventurosa expedição. Todo gozo perfeito necessita de um lazer perfeito. Você sabe, aliás, que o haxixe cria a exageração não só do indivíduo, mas também da circunstância e do meio: você não tem deveres pendentes que exijam pontualidade, exatidão; nenhum problema de família; nenhum mal de amor. Há que tomar cuidado. Esse problema, essa inquietação, essa lembrança de um dever que reclama a sua vontade e a sua atenção num minuto determinado viriam soar como um toque a finados através da sua embriaguez e envenenariam o seu prazer. A inquietação tornar-se-ia angústia; o problema, tortura. Tendo sido observadas todas essas condições prévias, se o dia estiver bonito, se você estiver num meio favorável, como uma paisagem pitoresca ou um aposento poeticamente decorado, e, além disso, você puder contar com um pouco de música, então tudo correrá bem.

Há, geralmente, na embriaguez do haxixe, três fases bastante fáceis de distinguir e é curioso observar, nos novatos, os primeiros sintomas da primeira fase. Você ouviu falar vagamente dos efeitos maravilhosos do haxixe; sua imaginação preconcebeu uma idéia particular, algo como um ideal de embriaguez; você está impaciente para saber se a realidade estará, de fato, à altura da sua expectativa. Isso é o bastante para precipitá-lo, desde o início, num estado ansioso, bastante favorável ao humor conquistador e invasor do veneno. A maioria dos novatos, no primeiro grau de iniciação, queixa-se da lentidão dos efeitos; esperam-nos com uma pressa pueril e, como a droga não age suficientemente rápido a seu gosto, entregam-se a fanfarronadas de incredulidade, divertidíssimas para os velhos iniciados, que sabem como o haxixe atua. Os primeiros acessos, como os sintomas de uma tempestade longamente indecisa, aparecem e se multiplicam no próprio bojo dessa incredulidade. É, primeiro, certa hilaridade, despropositada, irresistível, que toma conta de você. Esses acessos de alegria não motivada, de que você quase se envergonha, reproduzem-se freqüentemente e cortam intervalos de estupor durante os quais você procura, em vão, recolher-se. As palavras mais simples, as idéias mais triviais assumem uma fisionomia esquisita e nova; você até se espanta de tê-las achado tão simples até então. Semelhanças e analogias incongruentes, impossíveis de prever, trocadilhos intermináveis, esboços de coisas engraçadas jorram continuamente do seu cérebro. O demônio o invadiu: é inútil reagir contra essa hilaridade, dolorosa como uma cócega. De vez em quando, você ri de si mesmo, da sua tolice e da sua loucura, e seus companheiros, se você os tiver, também riem do seu estado e do deles; mas, como não o fazem com malícia, você não guarda rancor.

Esse contentamento, sucessivamente lânguido e pungente, esse mal-estar na alegria, essa insegurança, essa indecisão da doença, em geral duram pouco tempo. Logo as associações de idéias tornam-se tão vagas, o fio condutor que liga as suas concepções é tão tênue, que só seus cúmplices podem compreendê-lo. E nem isso é certo: não há nenhum meio de verificar; talvez eles pensem que o compreendem, e a ilusão é recíproca. Essa animação e essas gargalhadas, que se assemelham a explosões, parecem uma verdadeira loucura ou, no mínimo, uma tolice de maníaco, para todo aquele que não se encontra no mesmo estado que você. Do mesmo modo, a moderação e o bom senso, a regularidade dos pensamentos da testemunha prudente que não se inebriou, deleita e diverte você, como se fosse um gênero particular de demência. Os papéis estão invertidos. Seu sangue-frio leva-o aos últimos limites da ironia. Não é mesmo uma situação misteriosamente cômica, a de um homem que desfruta de uma alegria incompreensível para quem não se colocou no mesmo meio que ele? O louco fica com dó do sensato e, então, a idéia da sua superioridade começa a raiar no horizonte do seu intelecto. Logo ela crescerá, aumentará e explodirá como um meteoro.

Testemunhei uma cena desse tipo, que foi levada bem longe e cujo ridículo só era inteligível para quem conhecia, ao menos pela observação de outras pessoas, os efeitos da substância e a enorme diferença de tom que ela cria entre duas inteligências supostamente iguais. Um músico célebre, que ignorava as propriedades do haxixe, que talvez nunca tivesse ouvido falar na droga, cai no meio de um grupo em que várias pessoas já a haviam tomado. Tentam fazê-lo entender os efeitos maravilhosos. Ouvindo aqueles relatos prodigiosos, ele acha graça, por condescendência, como um homem que aceita ficar na berlinda durante alguns minutos. Seu equívoco é logo pressentido por aqueles espíritos que o veneno aguçou, e os risos ferem-no. Aquelas explosões de alegria, aqueles trocadilhos, aquelas fisionomias alteradas, toda aquela atmosfera malsã irrita-o e leva-o a declarar, mais cedo talvez do que ele quisera, que essa brincadeira é de mau gosto e, aliás, deve ser bastante cansativa para os que a empreenderam. O cômico iluminou todos os espíritos como um relâmpago. A alegria redobrou. "A brincadeira pode ser boa para vocês", disse ele, "mas para mim não é". – "Basta que ela seja boa para nós", replicou egoisticamente um dos doentes. Não sabendo se se tratavam de loucos de verdade ou de gente que simulava a loucura, nosso homem acha que o mais sensato é retirar-se; mas alguém fecha a porta e esconde a chave. Outro, ajoelhando-se diante dele, pede-lhe perdão em nome do grupo e declara-lhe com insolência, mas com lágrimas, que, apesar da sua inferioridade espiritual, que talvez provoque um pouco de piedade, todos sentem por ele uma amizade profunda. Ele se resigna a ficar e até consente tocar alguma coisa. Mas os sons do violino, propagando-se no aposento como um novo surto, *subjugavam* (a palavra não é forte demais) ora um doente, ora outro. Eram suspiros roucos e profundos, súbitos soluços, torrentes de lágrimas silenciosas. O músico, apavorado, pára e, aproximando-se de um cuja beatitude saltava mais à vista, pergunta-lhe se está sofrendo muito e o que devia fazer para aliviá-lo. Um dos espectadores, homem prático, propõe uma gasosa e ácidos. Mas o doente, com êxtase nos olhos, olha para os dois com um desprezo indescritível. Querer curar um homem doente de excesso de vida, doente de alegria!

Como se vê por essa anedota, a indulgência ocupa um lugar importante nas sensações causadas pelo haxixe; uma indulgência indolente, preguiçosa, muda, que deriva do relaxamento dos nervos. Em apoio a essa observação, uma pessoa me contou uma aventura que lhe aconteceu nesse estado de embriaguez; e como ela guardou uma lembrança bastante exata das suas sensações, compreendi perfeitamente em que embaraço grotesco, inextricável, foi lançada por aquela diferença de tom e de nível de que falei há pouco. Não me lembro se o homem em questão estava na sua primeira ou segunda experiência. Ele tomara uma dose forte demais, ou o haxixe produzira, sem o concurso de nenhuma causa aparente (o que acontece freqüentemente), efeitos muito mais vigorosos. Ele me contou que, em meio ao seu prazer, esse prazer supremo de sentir-se cheio de vida e achar-se cheio de gênio, deparou, de repente, com um motivo de terror. Primeiro, ofuscado pela beleza das suas sensações, ficou subitamente apavorado. Perguntou-se o que iria ser da sua inteligência e de seus órgãos, se aquele estado, que tomava por sobrenatural, fosse se agravando, se seus nervos fossem ficando cada vez mais delicados. Pela faculdade de ampliação que o olho espiritual do paciente possui, esse medo deve ser um suplício inefável. "Eu estava", dizia ele, "igual a um cavalo desembestado correndo para um abismo, querendo parar, mas não podendo. De fato, era um galope aterrorizante, e meu pensamento, escravo da circunstância, do meio, do acidente e de tudo o que pode estar contido na palavra acaso, assumira um aspecto pura e absolutamente rapsódico. É tarde demais, eu me repetia sem cessar, desesperado. Quando cessou esse modo de sentir, que me pareceu durar um tempo infinito e que, talvez, não tenha demorado mais que alguns minutos, quando acreditei que, enfim, iria poder mergulhar na beatitude tão cara aos orientais e que sucede a essa fase furibunda, fui vítima de uma nova desgraça. Uma nova inquietação, bem trivial e bem pueril, abateu-se sobre mim. Lembrei-me, de repente, que fora convidado para um jantar, uma noitada de homens sérios. Antevi-me no meio de uma multidão bem comportada e discreta, onde cada um era senhor de si, obrigado a esconder cuidadosamente o meu estado de espírito sob o brilho de um sem-número de lâmpadas. Eu achava que seria capaz, mas, ao mesmo tempo, sentia-me quase desfalecer ao pensar na força de vontade que precisaria exercer. Não sei por que acidente, as palavras do evangelho – 'ai de quem é motivo de escândalo!' – acabavam de surgir na minha memória e, embora querendo esquecê-las, aplicando-me a esquecê-las, repeti-as sem cessar em meu espírito. Minha desgraça (porque era uma verdadeira desgraça) assumiu, então, proporções grandiosas. Resolvi, não obstante a minha fraqueza, agir energicamente e consultar um farmacêutico, pois ignorava os reagentes e queria ir, com o espírito livre e despreocupado, à reunião a que meu dever me chamava. Mas, à entrada da farmácia, veio-me um pensamento súbito, que me deteve alguns instantes e me fez pensar. Acabara de me ver, de passagem, no vidro de uma vitrina, e meu rosto me surpreendera. Aquela palidez, aqueles lábios retraídos, aqueles olhos arregalados! 'Vou preocupar este sujeito', disse comigo, 'por uma bobagem destas!' Acrescente a isso o sentimento do ridículo que eu queria evitar, o medo de encontrar alguém na farmácia. Mas minha súbita indulgência para com aquele farmacêutico desconhecido dominava todos os outros sentimentos. Eu imaginava que esse homem fosse tão sensível quanto eu naquele instante funesto e, como também imaginava que seu ouvido e sua alma, tal como os meus, deviam vibrar ao menor ruído, decidi entrar na ponta dos pés. Eu nunca seria suficientemente discreto, dizia-me, em casa de um homem cuja caridade iria alarmar. E eu me prometia apagar o som da minha voz, do mesmo modo que o barulho dos meus passos. Você conhece essa voz do haxixe? Grave, profunda, gutural, parecidíssima com a dos velhos comedores de ópio. O resultado foi o contrário do que deveria obter. Decidido a tranqüilizar o farmacêutico, assustei-o. Ele não conhecia nada daquela doença, nunca ouvira falar nela. No entanto, olhava-me com uma curiosidade fortemente mesclada de desconfiança. Estaria me tomando por um louco, um malfeitor ou um mendigo? Nem uma coisa, nem outra, sem dúvida; mas todas essas idéias absurdas atravessaram meu cérebro. Fui obrigado a explicar-lhe detalhadamente (que cansativo!) o que era a geléia de cânhamo e para que servia, repetindo-lhe sem cessar que não havia perigo, que ele não tinha motivo para alarmar-se e que eu pedia apenas um meio de alívio ou de reação, insistindo com freqüência sobre o aborrecimento sincero que sentia por causar-lhe aquele incômodo. Enfim compreenda bem toda a humilhação contida para mim nestas palavras – ele me pediu simplesmente que eu me retirasse. Tal foi a recompensa da minha caridade e da minha indulgência exageradas. Fui à minha reunião; não escandalizei ninguém. Nenhuma pessoa adivinhou os esforços sobre-humanos que tive de fazer para parecer com todo mundo. Mas nunca esquecerei as torturas de uma embriaguez ultrapoética, atrapalhada pelo decoro e contrariada por um dever!"

Embora naturalmente inclinado a simpatizar com todas as dores que nascem da imaginação, não pude me impedir de achar graça dessa história. O homem que a contou não se corrigiu. Continuou a buscar na geléia maldita a excitação que é preciso encontrar em si próprio; mas como é um homem prudente, comedido, um homem mundano, diminuiu as doses, o que lhe permitiu aumentar a freqüência. Mais tarde, ele apreciará os frutos podres da sua higiene.

Volto ao desenvolvimento regular da embriaguez. Depois dessa primeira fase de alegria infantil, há como que uma acalmia momentânea. Mas novos acontecimentos logo se anunciam por uma sensação de frescor nas extremidades (que pode inclusive tornar-se frio intenso em alguns indivíduos) e uma grande fraqueza em todos os membros; você fica desajeitado e, em sua cabeça, sente um estupor e uma estupefação embaraçosos. Seus olhos se arregalam, eles são como que puxados em todos os sentidos por um êxtase implacável. Seu rosto inunda-se de palidez. Os lábios encolhem e entram na boca, com aquele movimento ofegante que caracteriza a ambição de um homem dominado por grandes projetos, oprimido por vastos pensamentos ou contendo a respiração para tomar impulso. A garganta se fecha, por assim dizer. A boca é ressecada por uma sede que seria infinitamente gostoso satisfazer, se as delícias da preguiça não fossem mais agradáveis e não se opusessem ao menor movimento do corpo. Suspiros roucos e profundos escapam do seu peito, como se o seu antigo corpo não pudesse suportar os desejos e a atividade da sua nova alma. De vez em quando, um abalo acomete você e obriga-o a fazer um movimento involuntário, como esses sobressaltos que, no fim de um dia de trabalho ou numa noite de tempestade, precedem o sono definitivo.

Antes de prosseguir, gostaria de contar, a propósito da sensação de frescor de que falei acima, mais uma anedota, que servirá para mostrar até que ponto os efeitos, inclusive puramente físicos, podem variar segundo os indivíduos. Desta vez, é um literato que fala; em alguns trechos da sua narrativa, poderemos encontrar, creio eu, os indícios de um temperamento literário.

"Eu havia tomado uma dose moderada de extrato oleoso", disse-me, "e tudo estava correndo bem. A crise de hilaridade doentia durara pouco tempo, e eu me achava num estado de langor e espanto que era quase de felicidade. Prometia-me, pois, uma noitada tranqüila e sem preocupações. Infelizmente, o acaso obrigou-me a levar alguém ao teatro. Conformei-me bravamente a fazê-lo, decidido a disfarçar meu imenso desejo de preguiça e imobilidade. Todos os carros do bairro estavam ocupados e tive, pois, de resignar-me a fazer um longo trajeto a pé, a atravessar os barulhos dissonantes dos carros, as conversas estúpidas dos passantes, todo um oceano de trivialidades. Um ligeiro frescor já se havia manifestado na ponta de meus dedos; logo transformou-se num frio vivíssimo, como se eu tivesse as duas mãos imersas num balde de água gelada. Mas não era um sofrimento: aquela sensação quase aguda, ao contrário, penetrava-me como uma volúpia. No entanto, parecia-me que o frio me invadia cada vez mais, à proporção daquela viagem interminável. Perguntei duas ou três vezes à pessoa que eu acompanhava se estava fazendo mesmo muito frio;

respondeu-me que, ao contrário, a temperatura estava mais que amena. Instalado enfim na sala, encerrado na caixa que me era destinada, com três ou quatro horas de repouso diante de mim, pensei ter chegado à terra prometida. Os sentimentos que reprimia durante o caminho, com toda a pobre energia de que podia dispor, irromperam então, e eu me abandonei livremente a meu mudo frenesi. O frio continuava aumentando, no entanto eu via as pessoas vestidas levemente, ou até mesmo enxugando a testa com um ar de cansaço. Veio-me à cabeça a regozijante idéia de que eu era um sujeito privilegiado, o único a ter o direito de sentir frio no verão, numa sala de espetáculos. Aquele frio aumentava a ponto de tornar-se alarmante; mas eu me achava, antes de mais nada, dominado pela curiosidade de saber até que grau ele poderia baixar. Enfim, ele chegou a tal ponto, foi tão completo, tão geral, que todas as minhas idéias se congelaram, por assim dizer; eu era um pedação de gelo; e essa louca alucinação causava-me um orgulho, excitava em mim um bem-estar moral que eu não seria capaz de definir. O que aumentava meu abominável prazer era a certeza de que todos os espectadores ignoravam minha natureza e a superioridade que eu tinha em relação a eles; além disso, havia a felicidade de pensar que meu companheiro não suspeitou um só instante das sensações bizarras que me possuíam! Eu obtinha a recompensa da minha dissimulação, e minha volúpia excepcional era um verdadeiro segredo.

"Por outro lado, mal eu havia entrado no camarote, meus olhos tinham sentido uma impressão de trevas, que acho ter algum parentesco com a idéia de frio. É bem possível que essas duas idéias tenham-se dado reciprocamente força. Você sabe que o haxixe sempre invoca magnificências de luz, esplendores gloriosos, cascatas de ouro líquido; toda luz lhe é boa, a que jorra em lençóis e a que se gruda como lantejoulas às pontas e asperezas, os candelabros dos salões, os círios do mês de Maria, as avalanchas de rosas nos pores-do-sol. Parecia que aquele lustre miserável difundia uma luz insuficiente para aquela sede insaciável de claridade; pensei haver entrado, como lhe disse, num mundo de trevas, que, aliás, foram ficando gradualmente mais espessas, enquanto eu sonhava de noite polar e inverno eterno. Quanto ao palco (era um palco consagrado ao gênero cômico), só ele era luminoso, infinitamente pequeno e situado longe, muito longe, como se na extremidade de um imenso estereoscópio. Não lhe direi que ouvia os atores, você sabe que é impossível: de vez em quando meu pensamento pegava, de passagem, um pedaço de frase e, como uma dançarina hábil, dele se servia como um trampolim para pular em devaneios longíquos. Poderiam supor que um drama, ouvido dessa maneira, carece de lógica e de encadeamento; enganam-se: eu descobriria um sentido sutilíssimo no drama criado pela minha distração. Nada dele me chocava, e eu parecia um pouco com aquele poeta que, vendo Esther representada pela primeira vez, achava perfeitamente natural que Amam fizesse uma declaração de amor à rainha. Era, como se pode adivinhar, o momento em que este se lança aos pés de Esther para implorar perdão para seus crimes (7). Se todos os dramas fossem ouvidos segundo esse método, ganhariam grande beleza, inclusive os de Racine.

"Os atores pareciam-me excessivamente pequenos e envolvidos por um contorno preciso e cuidado, como as figuras de Meissonier (8). Eu via distintamente não só os detalhes mais minuciosos das suas indumentárias – como os desenhos dos tecidos, as costuras, os botões, etc, mas também a linha de separação entre a falsa e a verdadeira aparência, o branco, o azul, o vermelho, e todos os artifícios de maquiagem. Aqueles liliputianos estavam revestidos de uma claridade fria e mágica, como as que um vidro bem limpo acrescenta a uma pintura a óleo. Quando finalmente pude sair daquele túmulo de trevas geladas e que, dissipando-se a fantasmagoria interior, voltei a mim, senti uma lassidão muito maior do que jamais me causou um trabalho tenso e forçado."

É efetivamente nesse período da embriaguez que se manifesta uma nova finura, uma acuidade superior de todos os sentidos. O olfato, a visão, a audição, o tato participam igualmente desse progresso. Os olhos visam o infinito. Os ouvidos percebem sons quase inaudíveis, no meio do maior tumulto. Aí começam as alucinações. Os objetos exteriores assumem lenta e sucessivamente aparências singulares; eles se deformam e se transformam. Depois, vêm os equívocos, as confusões e as transposições de idéias. Os sons revestem-se de cores, e as cores contêm uma música. Isso, dirão, é o que há de mais natural: todo cérebro poético, em seu estado são e normal, concebe facilmente essas analogias. Mas já adverti o leitor de que nada há de positivamente sobrenatural na embriaguez do haxixe. Apenas essas analogias revestem, em seu caso, uma vivacidade incomum; elas penetram, invadem, enchem o espírito com seu caráter despótico. As notas musicais tornam-se números, e se o seu espírito possuir alguma aptidão para a matemática, a melodia, a harmonia ouvida, embora conservando seu caráter voluptuoso e sensual, transforma-se numa vasta operação aritmética, em que os números engendram números, cujas fases e cuja geração você segue com uma facilidade inexplicável e uma agilidade igual à do intérprete.

Acontece, às vezes, que a personalidade desaparece e que a objetividade, própria dos poetas panteístas, desenvolve-se em você tão anormalmente, que a contemplação dos objetos exteriores leva-o a esquecer-se da própria existência, e você logo se confunde com eles. Seu olho fixa uma árvore harmoniosa curvada pelo vento; em poucos segundos, o que no cérebro de um poeta seria apenas uma comparação perfeitamente natural, tornar-se-á uma realidade no seu. Primeiro, você empresta à árvore as suas paixões, o seu desejo ou a sua melancolia; os gemidos e as oscilações dela tornam-se seus, e em pouco tempo você é a árvore. Do mesmo modo, o passarinho que voa no fundo do céu representa, primeiro, o desejo imortal de planar acima das coisas humanas; mas logo você é o próprio passarinho. Suponhamos que você esteja sentado, fumando. Sua atenção descansará por um tempo excessivo nas nuvens azuladas que saem do seu cachimbo. A idéia de uma evaporação lenta, sucessiva, eterna se apossará do seu espírito, e logo você aplicará essa idéia a seus próprios pensamentos, à sua matéria pensante. Por um singular equívoco, por uma espécie de transposição ou de qüiproquó intelectual, você se sentirá evaporando-se e atribuirá ao cachimbo (no qual você se sente acocorado e encolhido, como o fumo) a estranha faculdade de fumar você.

Felizmente, essa imaginação interminável durou apenas um minuto: um intervalo de lucidez permitiu que você com grande esforço, examinasse o relógio. Mas outra torrente de idéias o carrega; você vai rolar mais um minuto no vivo turbilhão dela, e esse outro minuto será outra eternidade, porque as proporções do tempo e do ser são completamente perturbadas pela enorme quantidade e intensidade das sensações e das idéias. Tem-se a impressão de viver várias vidas de homem no espaço de uma hora. Você não parece, então, um romance fantástico, só que vivo em vez de escrito? Não há mais equação entre os órgãos e os prazeres; é principalmente dessa consideração que surge a advertência aplicável a esse perigoso exercício em que a liberdade desaparece.

Quando falo de alucinações, não tomem a palavra no sentido mais estrito. Uma nuance importantíssima distingue a alucinação pura, do tipo daquelas que os médicos têm freqüentemente a oportunidade de estudar, da alucinação, ou melhor, do equívoco dos sentidos no estado mental ocasionado pelo haxixe. No primeiro caso, a alucinação é súbita, perfeita e fatal; além disso, ela não tem pretexto nem desculpa no mundo dos objetos exteriores. O doente vê uma forma, ouve sons onde não há. No segundo caso, a alucinação é progressiva, quase voluntária, e só se torna perfeita, só amadurece pela ação da imaginação. Enfim, ela tem um pretexto. O som falará, dirá coisas distintas, mas havia um som. O olho ébrio do homem cheio de haxixe verá formas estranhas; mas, antes de serem estranhas e monstruosas, estas formas eram simples e naturais. A energia, a vivacidade verdadeiramente falante da alucinação na embriaguez não infirma em nada essa diferença original. Aquela tem uma raiz no meio ambiente e no tempo presente, essa não.

Para tornar mais facilmente compreensível essa efervescência da imaginação, essa maturação do sonho e esse parto poético a que está condenado um cérebro intoxicado pelo haxixe, contarei mais uma anedota. Desta vez, não é um jovem ocioso que fala, tampouco um homem de letras: é uma mulher, uma mulher um pouco madura, curiosa, de espírito excitável e que, tendo cedido ao desejo de travar conhecimento com o veneno, descreveu, assim, para uma outra mulher, a sua principal visão. Transcrevo literalmente:

"Por mais estranhas e novas que sejam as sensações que tirei da minha loucura de doze horas (doze ou vinte? Na verdade, não sei), não falarei mais delas. A excitação espiritual é viva demais, a fadiga resultante, demasiado grande; e, para resumir, vejo nessa criancice algo de criminoso. Enfim, cedia à curiosidade; afinal de contas, era uma loucura em comum, em casa de velhos amigos, onde eu não achava que tivesse muita importância uma pequena falta de dignidade. Antes de mais nada, devo dizer-lhe que esse maldito haxixe é uma substância um bocado pérfida: a gente se acha, às vezes, livre da embriaguez, mas é apenas uma falsa acalmia. Há pausas e, depois, recaídas. Assim, por volta das dez horas da noite, eu me encontrava num desses estados momentâneos; acreditava-me libertada daquele excesso de vida que me causara tantos prazeres, é verdade, mas a que não faltavam inquietação e medo. Pus-me a cear com prazer, como se extenuada por uma longa viagem. Até então, por prudência, abstivera-me de comer. Mas, antes mesmo de deixar a mesa, meu delírio me pegara de novo, como um gato pega um rato, e o veneno tornou a brincar com o meu pobre cérebro. Muito embora minha casa fique perto do castelo de meus amigos e houvesse um carro à minha disposição, senti-me tão possuída pelo desejo de sonhar e de me abandonar àquela irresistível loucura, que aceitei com alegria o oferecimento que me fizeram de me hospedarem até o dia seguinte. Você conhece o castelo; você sabe que arrumaram, decoraram e reformaram à moderna toda a parte habitada pelos donos do lugar, mas que a parte geralmente desocupada foi deixada tal qual, com seu velho estilo e sua velha decoração. Resolveu-se que improvisariam um quarto para mim nessa parte do castelo, escolhendo-se para tanto o aposento menor, uma espécie de alcova um pouco vetusta e decrépita, mas que nem por isso deixa de ser encantadora. Preciso descrevê-la o melhor que puder para que você compreenda a singular visão de que fui vítima, visão que me tomou uma noite inteira, sem que eu tivesse tido tempo de perceber a passagem das horas.

"A alcova é pequena, estreita. À altura da cornija, o teto se arredonda em abóbada; as paredes são cobertas de espelhos estreitos e alongados, separados por painéis em que estão pintadas paisagens no estilo desleixado da decoração. À altura da cornija, nas quatro paredes, estão representadas diversas figuras alegóricas, umas em atitudes repousadas, outras correndo ou rodopiando. Acima delas, alguns passarinhos brilhantes e flores. Atrás das figuras eleva-se uma treliça pintada em *trompe-l'oeil* (9), seguindo naturalmente a curva do teto. Esse teto é dourado. Todos os interstícios entre as varetas e as figuras, portanto, são recobertos de dourado e, no centro, este só é interrompido pelo entrelaçado geométrico da treliça simulada. Como você está vendo, isso parece um pouco uma gaiola de luxo, uma lindíssima gaiola para um pássaro enorme. Devo acrescentar que a noite estava muito bonita, muito transparente, a lua muito viva, a tal ponto que, mesmo depois de eu apagar a vela, toda aquela decoração permaneceu visível, não que estivesse iluminada pelo olho do meu espírito, como você poderia acreditar, mas clareada por aquela bela noite, cujas luminosidades prendiam-se a todo aquele bordado de ouro, espelhos e cores variadas.

"A princípio, fiquei muito espantada de ver grandes espaços estenderem-se diante de mim, ao lado de mim, por todos os lados: eram rios límpidos e paisagens verdejantes mirando-se em águas tranqüilas. Você adivinha aqui o efeito dos painéis refletidos pelos espelhos. Erguendo os olhos, vi um sol se pondo igual ao metal em fusão que se esfria. Era o dourado do teto. Mas a treliça fez-me pensar que eu estava numa espécie de gaiola ou de casa aberta em todos os lados para o espaço e que eu só estava separada de todas aquelas maravilhas pelas grades da minha magnífica prisão. Eu ri, no início, da minha ilusão; porém, quanto mais eu olhava, mais a magia aumentava, mais ela adquiria vida, transparência e uma despótica realidade. A partir de então, a idéia de enclausuramento dominou meu espírito, sem prejudicar muito, devo dizer, os prazeres variados que tirava do espetáculo apresentado em torno e acima de mim. Considerava-me trancada por muito tempo, milhares de anos talvez, naquela gaiola suntuosa, no meio daquelas paisagens feéricas, entre aqueles horizontes maravilhosos. Pensava em *A Bela Adormecida*, em expiação a sofrer, em futura libertação. Acima da minha cabeça, esvoaçavam passarinhos brilhantes dos trópicos e, como o meu ouvido perce-besse o som dos chocalhos pendurados no pescoço dos cavalos que caminhavam ao longo da estrada, os dois sentidos fundindo suas impressões numa idéia única, eu atribuía aos passarinhos aquele canto misterioso do cobre e acreditava que eles cantavam com uma goela de metal (10). Evidentemente, falavam de mim e celebravam o meu cativeiro. Macacos cambalho-tando e sátiros bufões pareciam divertir-se com aquela prisioneira deitada, condenada à imobilidade. Mas todas as divindades mitológicas olhavam-me com um sorriso encantador, como para encorajar-me a suportar pacientemente o sortilégio, e todas as pupilas deslizavam para o canto das pálpebras, como para prenderem-se ao meu olhar. Deduzi que, se erros antigos, se alguns pecados desconhecidos de mim mesma necessitavam aquele castigo temporário, eu podia contar, porém, com uma bondade superior, que, embora condenando-me à prudência, me ofereceria entretenimentos mais graves que as brincadeiras de boneca que enchem nossa juventude. Está vendo que as considerações morais não estavam ausentes do meu sonho; mas devo confessar que o prazer de contemplar aquelas formas e cores brilhantes e de acreditar ser eu o centro de um drama fantástico, absorvia freqüentemente todos os meus outros pensamentos. Esse estado durou muito tempo, muitíssimo tempo... Terá durado até a manhã? Ignoro. De repente, vi o sol matinal instalado em meu quarto; senti um vivo espanto e, apesar de todos os esforços de memória que pude fazer, foi-me impossível saber se eu havia dormido ou se suportara pacientemente uma insônia deliciosa. Há pouco, era noite e agora é dia! Apesar disso, eu havia vivido muito tempo, oh! Muitíssimo tempo!... A noção do tempo, ou antes, a medida do tempo tendo sido abolida, a noite inteira só era mensurável, para mim, pela multidão dos meus pensamentos. Por mais longa que ela me deve ter parecido, desse ponto de vista, era como se ela tivesse durado apenas alguns segundos, ou até que não tivesse ocorrido na eternidade.

"Nem lhe falo do meu cansaço... foi imenso. Dizem que o entusiasmo dos poetas e dos criadores é semelhante ao que experimentei, embora sempre tenha imaginado que as pessoas encarregadas de nos comover deviam ter um temperamento muito calmo. Mas, se o delírio poético se assemelha ao que me proporcionou uma colherzinha de geléia, penso que os prazeres do público custam demais aos poetas. Não foi sem certo bem-estar, sem uma satisfação prosaica, que senti-me finalmente em casa, no meu 'em casa intelectual', quero dizer, na vida real."

Eis aí uma mulher evidentemente sensata. Mas só utilizaremos sua história para extrair algumas notas úteis, que completarão esta sumária descrição das principais sensações engendradas pelo haxixe.

Ela falou da ceia como um prazer que chegou em boa hora, no momento em que uma bonança momentânea, mas que parecia definitiva, permitiu-lhe retornar à vida real. De fato, há, como eu já disse, intermitências e acalmias enganadoras, e muitas vezes o haxixe provoca uma fome voraz, quase sempre uma sede excessiva. Só que o jantar ou a ceia, em vez de proporcionar um descanso definitivo, cria aquele recrudescimento, aquela crise vertiginosa de que se queixava a senhora em questão, e que foi seguido de uma série de visões encantadoras, com uma leve ponta de medo, às quais ela se resignou positivamente e de muito bom grado. A fome e a sede tirânicas de que fala não são satisfeitas sem certo esforço: o homem sente-se tão acima das coisas materiais, ou antes, acha-se tão oprimido por sua embriaguez, que necessita desenvolver uma longa coragem para mover uma garrafa ou um garfo.

A crise definitiva determinada pela digestão dos alimentos é, de fato, violentíssima. É impossível lutar. Semelhante estado não seria suportável se durasse muito e se não cedesse prontamente lugar a outra fase da embriaguez, a qual, no caso supracitado, traduziu-se por visões esplêndidas, suavemente aterrorizantes e, ao mesmo tempo, cheias de consolações. Esse novo estado é o que os orientais chamam de *kief*. Não é mais algo turbilhonante e tumultuoso; é uma beatitude calma e imóvel, uma resignação gloriosa.

Faz tempo que você não é mais senhor de si, mas já não se aflige com isso. A dor e a idéia do tempo desapareceram, ou se às vezes elas ousam manifestar-se, fazem-no tão-somente transfiguradas pela sensação dominante, estando, então, para a sua forma habitual assim como a melancolia poética está para a dor real.

Antes de mais nada, porém, notemos que, na história dessa mulher (foi com esse objetivo que a transcrevi), a alucinação é de um gênero híbrido e tira a sua razão de ser do espetáculo exterior; o espírito é apenas um espelho em que o ambiente se reflete, trans-formado de maneira extrema. Em seguida, vemos intervir o que eu não hesitaria em chamar de alucinação moral: o sujeito acredita estar sendo submetido a uma expiação; mas o temperamento feminino, pouco propício à análise, não lhe permitiu notar o singular caráter otimista de dita alucinação. O olhar benevolente das divindades do Olimpo é poetizado por um verniz essencialmente haxixiano. Não direi que essa senhora esteve próxima do remorso, mas seus pensamentos, momentaneamente voltados para a melancolia e o arrependimento, foram rapidamente coloridos de esperança. É uma observação que ainda teremos a oportunidade de verificar.

Ela falou da fadiga do dia seguinte. De fato, essa fadiga é grande, mas não se manifesta imediatamente e, quando você é obrigado a reconhecê-la, não o faz sem surpresa. Porque, primeiro, quando você constata que um novo dia raiou no horizonte da sua vida, você sente um bem-estar surpreendente, imagina desfrutar de uma maravilhosa leveza de espírito. Porém, mal você se põe de pé, um velho resto de embriaguez segue-o e retém-no, como grilhões da sua antiga servidão. Suas pernas fracas conduzem-no com grande timidez, e você teme, a cada instante, quebrar-se como um objeto frágil. Um grande langor (há pessoas que pretendem que ele tem até certo encanto) se apossa do seu espírito e se difunde através das suas faculdades, como um nevoeiro numa paisagem. E você fica, por mais algumas horas, incapaz de trabalho, de ação e de energia. É a punição da ímpia prodigalidade com a qual você gastou o fluido nervoso. Você dispersou a sua personalidade aos quatro ventos do céu e, agora, que dificuldade sente para reuni-la e concentrá-la!

4

O HOMEM-DEUS

Está na hora de deixar de lado todos esses malabarismos e essas grandes marionetes, nascidas da fumaça dos cérebros infantis. Acaso não devemos falar de coisas mais graves: das modificações dos sentimentos humanos e, numa palavra, da moral do haxixe?

Até aqui fiz apenas uma monografia resumida da embriaguez; limitei-me a acentuar seus principais traços, sobretudo os traços materiais. No entanto, o mais importante para o homem espirituoso, acho eu, é conhecer a ação do veneno sobre a parte espiritual do homem, isto é, a ampliação, a deformação e a exageração dos seus sentimentos habituais e das suas percepções morais, que apresentam, então, numa atmosfera excepcional, um verdadeiro fenômeno de refração.

O homem que, tendo-se entregue por muito tempo ao ópio ou ao haxixe, pode encontrar, enfraquecido como estava pelo hábito da sua dependência, a energia necessária para se libertar, é para mim como um prisioneiro evadido. Ele me inspira mais admiração do que o homem prudente que nunca fraquejou, tendo sempre tomado o cuidado de evitar a tentação. Os ingleses, ao falarem dos comedores de ópio, empregam freqüentemente termos que só podem parecer excessivos aos inocentes que desconhecem os horrores dessa degradação: *en-chained, fettered, enslaved* *! Correntes, de fato, perto das quais todas as outras correntes do dever, correntes do amor ilegítimo, não são mais que tramas de gaze e teias de aranha! Terrível casamento do homem consigo mesmo!

"Eu me tornei um escravo do ópio; ele me prendia em seus elos, todos os meus trabalhos e meus projetos haviam tomado a cor dos meus sonhos", diz o esposo de Ligéia; mas em quantas maravilhosas passagens, Edgar Allan Poe, esse poeta incomparável, esse filósofo não refutado, que devemos sempre citar a propósito das doenças misteriosas do espírito, não descreve os esplendores sombrios e atraentes do ópio! O amante da luminosa Berenice, Egeus, o metafísico, fala de uma alteração das suas faculdades que obriga-o a atribuir um valor anormal, monstruoso, aos fenô-menos mais simples: "refletir incansavelmente horas a fio, minha atenção fixada em algum ornamento insignificante à margem ou no corpo de um livro; ficar absorto, a melhor parte de um dia de verão, numa sombra curiosa caindo obliquamente sobre a tapeçaria ou o assoalho; esquecer-me toda uma noite a observar a chama regular de uma lamparina ou as brasas na lareira; passar dias inteiros sonhando com o perfume de uma flor; repetir

---

* [Acorrentados, agrilhoados, escravizados] (N. T.).

monotonamente uma palavra qualquer até seu som, à força da repetição freqüente, deixar de transmitir qualquer idéia à mente; perder todo sentido de movimento ou de existência física, por meio de um repouso absoluto do corpo longa e obstinadamente continuado. Tais eram algumas das extravagâncias mais comuns e menos perniciosas induzidas por uma condição das faculdades mentais que podem não ser excepcionais, é verdade, mas certamente desafiam qualquer tipo de análise ou explicação." E o nervoso August Bedloe que, todas as manhãs, antes do seu passeio, engole a sua dose de ópio, confessa-nos que o principal benefício que tira desse envenenamento cotidiano é achar em qualquer coisa, até mesmo a mais trivial, um interesse extraordinário: "Entretanto, o ópio produzira seu efeito habitual, que é revestir todo o mundo exterior de uma intensidade de interesse. No estremecer de uma folha, na cor de um tufo de erva, na forma de um trevo, no zumbido de uma abelha, no brilho de uma gota de orvalho, no suspiro do vento, nos vagos aromas escapados da floresta, produzia-se todo um mundo de inspirações, uma magnífica e variada procissão de pensamentos desordenados e rapsódicos."

Assim se exprime, pela boca de seus personagens, o mestre do horrível, o príncipe do mistério. Essas duas características do ópio são perfeitamente aplicáveis ao haxixe: em ambos os casos, a inteligência, antes livre, torna-se escrava; mas a palavra rapsódia, que define tão bem uma seqüência de pensamentos sugerida e comandada pelo mundo exterior e o acaso das circunstâncias, é de uma verdade mais verdadeira e mais terrível ainda no caso do haxixe. Aqui, o raciocínio não é mais que um barco abandonado à mercê de todas as correntes, e a seqüência de pensamentos é infinitamente mais acelerada e mais rapsódica. Isto é, eu acho, de maneira bastante clara, que o haxixe é, em seu efeito presente, muito mais perturbador. Ignoro se dez anos de intoxicação pelo haxixe acarretarão desastres iguais àqueles causados por dez anos de regime de ópio; digo que, para a hora presente e para o dia seguinte, o haxixe tem resultados mais funestos: um é um sedutor tranqüilo; o outro, um demônio desordenado.

Nesta última parte, quero definir e analisar o estrago moral causado por essa ginástica perigosa e deliciosa, estrago tão grande, perigo tão profundo, que aqueles que voltam do combate apenas levemente avariados são para mim como bravos escapados da caverna de um Proteu multiforme, como Orfeus vencedores do inferno. Tomem, se quiserem, essa forma de linguagem por uma metáfora excessiva: confessarei que os venenos excitantes parecem-me não só um dos meios mais terríveis e mais seguros de que dispõe o Espírito das Trevas para recrutar e escravizar a deplorável humanidade, mas inclusive uma das suas encarnações mais perfeitas.

Desta vez, para condensar meu trabalho e tornar minha análise mais clara, em vez de reunir anedotas esparsas, acumularei num só personagem fictício uma massa de observações. Preciso, portanto, tomar como base uma alma escolhida por mim. Em suas *Confissões*, Quincey afirma com razão que o ópio, em vez de adormecer o homem, excita-o; mas só o excita em sua maneira natural. Assim, para julgar as maravilhas do ópio, seria absurdo recorrer a um negociante de gado, porque ele só sonhará com bois e pastos. Ora, não devo descrever as pesadas fantasias de um criador de bovinos inebriado de haxixe: quem as leria com prazer? Quem aceitaria lê-las? Para idealizar meu sujeito, devo concentrar todos os seus raios num único círculo, devo polarizá-los; e o círculo trágico em que vou reuni-los será, como já disse, uma alma de minha escolha, algo de análogo ao que o século XVIII chamava de homem sensível, ao que a escola romântica denominava homem incompreendido e ao que as famílias e a massa burguesa geralmente estigmatizam com o epíteto de original.

Um temperamento meio nervoso, meio irritadiço, é o mais favorável para as evoluções de tal embriaguez; acrescentemos um espírito cultivado, adestrado nos estudos da forma e da cor; um coração terno, cansado pela infelicidade, mas ainda pronto a rejuvenescer; se você concordar, iremos até a admissão de velhos erros e o que eles devem acarretar numa natureza facilmente excitável: se não remorsos propriamente ditos, ao menos o pesar pelo tempo profanado e mal empregado. O gosto da metafísica, o conhecimento das diferentes hipóteses da filosofia sobre a existência humana não são, é claro, complementos inúteis – como tampouco o são aquele amor à virtude abstrata, estóica ou mística, que é definida em todos os livros de que se nutre a infância moderna como o mais alto patamar a que uma alma distinta pode ascender. Se acrescentarmos a tudo isso uma grande finura de sentidos, que omiti como condição suplementar, acho que reuni os elementos gerais mais comuns do homem sensível moderno, daquilo que poderíamos chamar de "a forma banal da originalidade". Vejamos, agora, o que vai ser dessa individualidade levada ao extremo pelo haxixe. Sigamos essa procissão da imaginação humana até seu último e mais esplêndido altar, a crença do indivíduo em sua própria divininidade.

Se você é uma dessas almas, seu amor inato pela forma e pela cor encontrará inicialmente um formidável alimento nos primeiros desenvolvimentos da sua embriaguez. As cores assumirão uma energia incomum e entrarão no cérebro com uma intensidade vitoriosa. Delicadas, medíocres ou mesmo ruins, as pinturas dos tetos revestirão uma vida assustadora; os mais grosseiros papéis que revestem as paredes dos albergues adquirirão profundidade, como esplêndidos dioramas. As ninfas de pele brilhante olharão para você com olhos enormes, mais profundos e límpidos do que o céu e a água; as personagens da antiguidade, vestidas de suas indumentárias sacerdotais ou militares, fazem-lhe, pelo simples olhar, confidências solenes. A sinuosidade das linhas é uma linguagem definitivamente clara, onde você lê a agitação e o desejo das almas. Enquanto isso, desenvolve-se esse estado misterioso e temporário do espírito, em que a profundidade da vida, eriçada de seus problemas múltiplos, se revela inteiramente no espetáculo que temos diante dos olhos, por mais natural e trivial que seja, em que o primeiro objeto que aparece torna-se símbolo falante. Fourier (11) e Swedenborg (12), um com suas analogias, outro com suas correspondências, encarnaram-se no vegetal e no animal sobre o qual incide o seu olhar e, em vez de ensinar você pela voz, eles o doutrinam pela forma e pela cor. A inteligência da alegoria assume em você proporções desconhecidas até para você mesmo. Notaremos, de passagem, que a alegoria – esse gênero tão espiritual que os maus pintores acostumaram-nos a desprezar, mas que, na verdade, é uma das formas primitivas e mais naturais da poesia – retoma sua dominação legítima na inteligência iluminada pela embriaguez. O haxixe se espalha então por toda a vida como um verniz mágico: ele a colore de solenidade e ilumina toda a sua profundidade. Paisagens rendadas, horizontes fugentes, perspectivas de cidades esbranquiçadas pela lividez cadavérica da tempestade ou iluminadas pelos ardores concentrados dos sóis poentes; profundidade do espaço, alegoria da profundidade do tempo; a dança, o gesto ou a declamação dos atores, se você se meteu num teatro – tudo, enfim, a universalidade dos seres, se ergue diante de você com uma nova glória, insuspeita até então. A gramática, a árida gramática, torna-se uma espécie de feitiçaria evocatória: as palavras ressuscitam revestidas de carne e osso; o substantivo, em sua majestade substancial; o adjetivo, vestimento transparente o que veste e colore como uma veladura; e o verbo, anjo do movimento, que dá o balanço à frase. A música, outra língua cara aos preguiçosos ou aos espíritos profundos que buscam o descanso na variedade do trabalho, fala-lhe sobre você mesmo e conta-lhe o poema da sua vida; ela se incorpora em você, e você se funde nela. Ela narra sua paixão, não de uma maneira vaga e indefinida, como faz em suas noitadas indolentes, num dia de ópera, mas de uma maneira circunstanciada, positiva, cada movimento do ritmo marcando um movimento conhecido da sua alma, cada nota se transformando em palavra e o poema inteiro entrando em seu cérebro como um dicionário dotado de vida.

Não creia que todos esses fenômenos se produzem desordenadamente no espírito, com o acento berrante da realidade e a confusão da vida exterior. O olho interior transforma tudo e dá a cada coisa o complemento de beleza que lhe falta para que ela seja verdadeiramente digna de agrado. É também a essa fase essencialmente voluptuosa e sensual que se deve relacionar o amor pelas águas límpidas, correntes ou estagnadas, que se desenvolve de maneira tão espantosa na embriaguez cerebral de alguns artistas. Os espelhos tornam-se um pretexto para esse devaneio, que parece uma sede espiritual, conjugada com a sede física que resseca a garganta e de que falei precedentemente; as águas fugentes, os repuxos, as cascatas harmoniosas, a imensidão azul do mar, rolam, cantam, dormem, com um encanto inexprimível. A água se espalha como uma verdadeira feiticeira e, se bem que eu não acredite muito nas loucuras furiosas causadas pelo haxixe, não afirmaria que a contemplação de um abismo límpido não tem nenhum perigo para um espírito apaixonado pelo espaço e pelo cristal e que a velha fábula da Ondina não se transforme, para o entusiasta, numa trágica realidade.

Creio já ter falado bastante sobre o crescimento monstruoso do tempo e do espaço, duas idéias sempre correlatas mas que o espírito afronta, então, sem tristeza e sem medo. Ele olha com certo deleite melancólico através dos anos profundos e se insere audaciosamente em perspectivas infinitas. Você adivinhou, suponho, que esse crescimento anormal e tirânico se aplica igualmente a todos os sentimentos e a todas as idéias: assim, à indulgência de que dei, creio, uma bela amostra; assim, à idéia de beleza; assim, ao amor. A idéia de beleza deve naturalmente apoderar-se de um vasto espaço no temperamento espiritual, tal como supus. A harmonia, o equilíbrio das linhas, a eurritmia nos movimentos, apresentam-se ao sonhador como necessidades, como deveres, não só para todos os seres da criação, mas também para ele próprio, o sonhador, que se encontra, nesse período de crise, dotado de uma maravilhosa aptidão para compreender o ritmo imortal e universal. Se nosso fanático carece de beleza pessoal, não pense que ele sofre muito tempo com a confissão a que é forçado, nem que ele se considere uma nota discordante no mundo de harmonia e de beleza improvisado por sua imaginação. Os sofismas do haxixe são inúmeros e admiráveis, tendendo geralmente ao otimismo, e um dos principais – o mais eficaz – é o que transforma o desejo em realidade. O mesmo acontece, sem dúvida, com muitos casos da vida ordinária, mas, aqui, com quanto mais ardor e sutileza! Aliás, como um ser tão bem dotado para compreender a harmonia, uma espécie de sacerdote do belo, poderá constituir uma exceção e uma falha em sua teoria? A beleza moral e a sua força, a graça e as suas seduções, a eloqüência e as suas proezas, todas essas idéias logo se apresentam como corretivos de uma feiúra indiscreta, depois como consoladores, enfim como aduladores perfeitos de um certo imaginário.

Quanto ao amor, ouvi muitas pessoas animadas por uma curiosidade de colegial procurar informar-se junto às que eram familiarizadas com o uso do haxixe. De que é capaz essa embriaguez do amor, já tão forte em seu estado natural, quando está encerrada em outra embriaguez, como um sol em outro sol? Essa a pergunta que se formulará numa multidão de espíritos, que chamarei de curiosos do mundo intelectual. Para responder a um subentendido desonesto, àquela parte da pergunta que não ousa mostrar-se, remeterei o leitor a Plínio, que falou, em algum lugar, das propriedades do cânhamo, a fim de desfazer inúmeras ilusões a esse respeito. Sabe-se, ademais, que a atonia é o resultado mais ordinário do abuso que os homens fazem de seus nervos e das substâncias propícias a excitá-los. Ora, como não se trata, neste caso, de força efetiva, mas de emoção ou de suscetibilidade, pedirei simplesmente que o leitor tenha em conta que a imaginação de um homem nervoso, embriagado pelo haxixe, é levada a um grau prodigioso, tão pouco determinável quanto a força máxima do vento num furacão, e seus sentidos sutilizados a um ponto quase tão difícil de se definir. Portanto, é lícito acreditar que uma leve carícia, a mais inocente de todas, um aperto de mão, por exemplo, possa ter um valor centuplicado pelo estado atual da alma e dos sentidos, sendo capaz de levá-los, talvez, e muito rapidamente, até aquela síncope que é considerada pelos mortais vulgares como o supra-sumo da felicidade. Mas é indubitável que o haxixe desperta, numa imaginação freqüentemente ocupada com as coisas do amor, ternas lembranças, a que a dor e a infelicidade chegam a dar novo brilho. Não é menos certo que uma forte dose de sensualidade mistura-se a essas agitações do espírito; aliás, não é inútil observar – o que bastaria para constatar, a esse respeito, a imoralidade do haxixe – que uma seita de ismaelitas (é dos ismaelitas que saíram os assassinos) levava suas adorações muito além do imparcial *Lingam*, isto é, até o culto absoluto e exclusivo da metade feminina do símbolo. Sendo cada homem a representação da história, seria mais que natural ver uma heresia obscena, uma religião monstruosa produzir-se num espírito que se pôs vilmente à mercê de uma droga infernal e que sorri para a dilapidação das suas próprias faculdades.

Já que vimos manifestar-se na embriaguez do haxixe uma indulgência singular aplicada até mesmo aos desconhecidos, uma espécie de filantropia feita muito mais de piedade que de amor (é aí que se mostra o primeiro germe do espírito satânico que se desenvolverá de maneira extraordinária), mas que vai até o medo de afligir qualquer um, é fácil adivinhar o que pode tornar-se a sentimentalidade localizada, aplicada a uma pessoa querida, que desempenha ou desempenhou um papel importante na vida moral do doente. O culto, a adoração, a prece, os sonhos de felicidade projetam-se e arrojam-se com a energia ambiciosa e o brilho de um fogo de artifício; como a pólvora e as matérias colorantes do fogo, eles ofuscam e dissipam-se nas trevas. Não há espécie de combinação sentimental a que não se possa prestar o maleável amor de um escravo do haxixe. O gosto da proteção, um sentimento de paternidade ardente e devotada podem misturar-se a uma sensualidade culpada que o haxixe sempre saberá desculpar e absolver. Ele vai mais longe ainda. Suponho erros cometidos que tenham deixado na alma traços amargos, um marido ou um amante que só contempla com tristeza (em seu estado normal) um passado matizado de tempestade: esses amargores podem, então, transformar-se em doçuras; a necessidade de perdão torna a imaginação mais hábil e mais suplicante, e o próprio remorso, nesse drama diabólico que só se exprime por um longo monólogo, pode agir como excitante e evitar poderosamente o entusiasmo do coração. Sim, o remorso! Eu estava errado ao dizer que o haxixe apresentava-se, para um espírito verdadeiramente filosófico, como um perfeito instrumento satânico? O remorso, ingrediente singular do prazer, é logo submerso na deliciosa contemplação de si mesmo, numa espécie de análise voluptuosa; e essa análise é tão rápida, que o homem, esse diabo natural, para falar como os swedenborgianos, não percebe quão involuntária ela é e quanto, de segundo em segundo, ele se aproxima da perfeição diabólica. Ele admira seu remorso e se glorifica, enquanto está em vias de perder a sua liberdade.

Meu homem imaginado, o espírito da minha escolha, chegou, pois, àquele grau de alegria e de serenidade em que é obrigado a admirar a si próprio. Toda contradição se apaga, todos os problemas filosóficos tornam-se límpidos, ou pelo menos assim parecem. Tudo é matéria de prazer. A plenitude da sua vida atual inspira-lhe um orgulho desmedido. Uma voz fala nele (é a dele, por infelicidade!) e lhe diz: "Você agora tem o direito de considerar-se superior a todos os homens; ninguém sabe nem poderia compreender tudo que você pensa e tudo que você sente; eles seriam incapazes inclusive de apreciar a indulgência que lhe inspiram. Você é um rei que os passantes desconhecem e que vive na solidão do seu convencimento. Mas que importa? Você não possui aquele desprezo soberano que torna a alma tão boa?"

Entretanto, podemos supor que, de vez em quando, uma lembrança mordaz atravessa e corrompe essa felicidade. Uma sugestão proporcionada pelo exterior pode reavivar um passado desagradável de ser contemplado. De quantas ações, tolas ou vis, não está cheio o passado, ações que são verdadeiramente indignas desse rei do pensamento e que maculam a sua dignidade ideal? Acredite que o homem do haxixe enfrentará corajosamente esses fantasmas cheios de reprimendas e que, inclusive, será capaz de extrair dessas hediondas lembranças novos elementos de prazer e de orgulho. Assim será a evolução do seu raciocínio: uma vez passada a primeira sensação de dor, ele analisará curiosamente essa ação ou esse sentimento cuja lembrança perturbou a sua glorificação atual, os motivos que o faziam agir então, as circunstâncias que o cercavam, e se ele não encontrar nessas circunstâncias motivos suficientes, se não para absolvê-lo, ao menos para atenuar o seu pecado, não pensem que se sente vencido! Assisto ao seu raciocínio como se fosse o movimento de um mecanismo sob um vidro transparente: "Essa ação ridícula, covarde ou vil, cuja lembrança agitou-me por um momento, está em completa contradição com a minha verdadeira natureza, a natureza atual, e a própria energia com a qual a condeno, o zelo inquisitorial com que a analiso e julgo, provam minhas elevadas e divinas aptidões para a virtude. Quantos homens tão hábeis assim para se julgar, tão severos para se condenar, se encontraria no mundo?" Não só ele se condena, como se glorifica. Tendo sido a horrível lembrança absorvida desse modo na contemplação de uma virtude ideal, de uma caridade ideal, de um gênio ideal, ele se entrega candidamente à sua triunfante orgia espiritual. Vimos que, falsificando de uma maneira sacrílega o sacramento da penitência, ele, ao mesmo tempo penitente e confessor, concedeu-se uma fácil absolvição ou, pior ainda, extraiu da condenação um novo alimento para o seu orgulho. Agora, da contemplação dos seus sonhos e projetos de virtude, ele conclui a sua aptidão prática para a virtude; a energia amorosa com a qual abraça esse fantasma de virtude parece-lhe uma prova suficiente, peremptória, da energia viril necessária para a realização do seu ideal. Ele confunde completamente o sonho com a ação, e sua imaginação excitando-se cada vez mais diante do espetáculo encantador da sua própria natureza corrigida e idealizada, substituindo por essa imagem fascinadora de si mesmo seu indivíduo real, tão pobre em vontade, tão rico em vaidade, acaba decretando a sua apoteose nestes termos claros e simples, que contêm, para ele, todo um mundo de prazeres abomináveis: "Sou o mais virtuoso de todos os homens!"

Isso não faz você lembrar-se de Jean-Jacques Rousseau, que, também, depois de ter-se confessado ao universo, não sem certa volúpia, ousou lançar o mesmo grito de triunfo (em todo caso, a diferença é bem pequena), com a mesma sinceridade e a mesma convicção? O entusiasmo com que ele admirava a virtude, o enternecimento nervoso que enchia seus olhos de lágrimas ao presenciar uma boa ação ou ao pensar em todas as boas ações que teria gostado de praticar, bastavam para dar-lhe uma idéia superlativa do seu valor moral. Jean-Jacques embriagara-se sem haxixe.

Precisarei ir mais longe na análise dessa monomania vitoriosa? Precisarei explicar como, sob o império do veneno, meu homem faz-se logo o centro do universo? Como se torna a expressão viva e extrema do provérbio que diz que a paixão relaciona tudo a ela? Ele acredita em sua virtude e seu gênio: não é fácil adivinhar o fim? Todos os objetos circundantes são sugestões que agitam nele um mundo de pensamentos, cada um mais colorido, mais vivo, mais sutil que nunca, e revestidos de um verniz mágico. "Essas cidades magníficas, diz ele, em que os edifícios soberbos são em escala, como nos cenários; esses lindos navios balançados pelas águas da baía numa inação nostálgica e que parecem traduzir nosso pensamento: quando partiremos para a felicidade? Esses museus que transbordam de belas formas e de cores embriagantes; essas bibliotecas onde estão acumulados os trabalhos da Ciência e os sonhos da Musa; esses instrumentos reunidos que falam com uma só voz; essas mulheres encantadoras, mais charmosas ainda graças à ciência do vestuário e à economia do olhar; todas essas coisas foram criadas para mim, para mim, para mim! Para mim, a humanidade trabalhou, foi martirizada, imolada, para servir de alimento, de *pabulum* (13), a meu implacável apetite de emoção, conhecimento e beleza!" Pulo e abrevio. Ninguém se espantará que um pensamento final, supremo, jorre do cérebro do sonhador: "Tornei-me Deus!"; que um grito selvagem, ardente, saia do seu peito com tamanha energia, tamanha força de projeção, que, se as vontades e as crenças de um homem ébrio tivessem uma virtude eficaz, esse grito deitaria abaixo os anjos disseminados nos caminhos do céu: "Sou um Deus!" Mas esse furacão de orgulho logo se transforma numa temperatura de beatitude calma, muda, repousada, e a universalidade dos seres se apresenta colorida e como que iluminada por uma aurora sulfúrea. Se, por acaso, uma vaga lembrança se insinuar na alma desse deplorável bem-aventurado – não haverá outro Deus? –, acredite que ele se levantará diante deste, discutirá suas vontades e o enfrentará sem medo. Qual é o filosofo francês que, para censurar as doutrinas alemãs modernas, dizia: "Eu sou um deus que jantou mal"? Essa ironia não faria efeito num espírito excitado pelo haxixe; ele responderia tranqüilamente: "É possível que eu tenha jantado mal, mas sou um Deus."

5

MORAL

Mas o dia seguinte! O terrível dia seguinte! Todos os órgãos descontraídos, cansados, os nervos relaxados, a palpitante vontade de chorar, a impossibilidade de se dedicar a um trabalho contínuo, ensinam-lhe cruelmente que você brincou de uma brincadeira proibida. A hedionda natureza, despida da sua iluminação da véspera, parece melancólicos restos de uma festa. A vontade, a mais preciosa de todas as faculdades, é atacada principalmente. Dizem, e é quase verdade, que esta substância não causa nenhum mal físico, nenhum mal grave, pelo menos. Mas acaso podemos afirmar que um homem incapaz de ação e bom somente para os sonhos está de fato bem, ainda que todos os seus membros estejam em bom estado? Ora, nós conhecemos o bastante a natureza humana para saber que um homem capaz de obter instantaneamente, com uma colher de geléia, todos os bens do céu e da terra, nunca ganhará a milésima parte mediante o trabalho. Pode-se imaginar um Estado em que todos os cidadãos se embriagariam de haxixe? Que cidadãos! Que guerreiros! Que legisladores! Até mesmo no Oriente, onde seu emprego é tão difundido, há governos que compreenderam a necessidade de prescrevê-lo. Com efeito, é proibido ao homem, sob pena de decadência e de morte intelectual, desorganizar as condições primordiais da sua existência e romper o equilíbrio entre as suas faculdades e os meios em que estas estão destinadas a se mover, numa palavra, perturbar seu destino e substituí-lo por uma fatalidade de um novo gênero. Lembremo-nos de Melmoth (14), esse admirável símbolo. Seu horrível sofrimento está na desproporção entre as suas maravilhosas faculdades, adquiridas instantaneamente mediante um pacto satânico, e o meio em que, como criatura de Deus, ele é condenado a viver. E nenhum dos que ele quer seduzir consente comprar-lhe, nas mesmas condições, seu terrível privilégio. De fato, todo homem que não aceita as condições da vida, vende a sua alma. É fácil perceber a relação que existe entre as criações satânicas dos poetas e as criaturas vivas que se entregaram aos excitantes. O homem quis ser Deus e, em virtude de uma lei moral incontrolável, cai bem mais baixo que a sua natureza real. É uma alma que se vende a varejo.

Balzac sem dúvida pensava que não há para o homem vergonha maior, nem sofrimento mais vivo, do que a abdicação à sua vontade. Vi-o uma vez numa reunião em que se falava dos efeitos prodigiosos do haxixe, na qual escutava e perguntava com uma atenção e uma vivacidade divertidas. As pessoas que o conheceram adivinham que devia estar interessado. Mas a idéia de pensar independentemente da sua vontade chocava-o vivamente. Mostraram-lhe o *dawamesk*: ele examinou-o, cheirou-o sem nele tocar. A luta entre a sua curiosidade quase infantil e a sua repugnância pela abdicação traía-se em seu rosto expressivo de maneira notável. O amor à dignidade saiu vitorioso. De fato, é difícil imaginar o teórico da vontade, esse irmão espiritual de Louis Lambert, aceitando perder uma parcela dessa preciosa substância (15).

Apesar dos admiráveis serviços prestados pelo éter e pelo clorofórmio, parece-me que, do ponto de vista da filosofia espiritualista, o mesmo estigma moral se aplica a todas as invenções modernas que tendem a diminuir a liberdade humana e a indispensável dor. Não foi sem certa admiração que ouvi uma vez o paradoxo de um oficial que me contava a operação cruel praticada num general francês em El-Aghouat, da qual ele morreu apesar de clorofórmio. Esse general era um homem corajosíssimo, algo mais que isso até: uma dessas almas a quem se aplica naturalmente o termo cavalheiresco. "Não era de clorofórmio que ele precisava", dizia-me o oficial, "mas das atenções de todo o exército e da banda do regimento. Talvez assim ele tivesse sido salvo!" O cirurgião não era do parecer desse oficial, "mas o capelão teria admirado seus sentimentos.

É deveras supérfluo, depois de todas essas considerações, insistir sobre o caráter imoral do haxixe. Se eu o comparar ao suicídio, a um suicídio lento, a uma arma sempre ensangüentada e sempre afiada, nenhum espírito sensato me contradirá. Se eu o assimilar à bruxaria, à magia, que pretendem, operando sobre a matéria e por meio de arcanos cuja falsidade ou eficácia nada comprova, conquistar um domínio proibido ao homem ou permitido somente àquele que é julgado digno de tanto, nenhuma alma filosófica reprovará essa comparação. Se a Igreja condena a magia e a bruxaria, é porque elas militam contra as intenções de Deus, porque elas suprimem o trabalho do tempo e querem tornar supérfluas as condições de pureza e de moralidade, e porque ela, a Igreja, só considera legítimos, verdadeiros, os tesouros ganhos pela boa intenção assídua. Chamamos de trapaceiro o jogador que encontrou o meio de jogar sem perder; como chamaremos o homem que quer comprar, com um pouco de dinheiro, a felicidade e o gênio? É a própria infalibilidade do meio que constitui a imoralidade de tal coisa, do mesmo modo que a suposta infalibilidade da magia confere-lhe seu estigma infernal. Será preciso acrescentar que o haxixe, como todos os prazeres solitários, torna o indivíduo inútil aos homens, e a sociedade supérflua ao individuo, levando-o a admirar sem cessar a si próprio e precipitando-o dia-a-dia no abismo luminoso em que ele admira o seu rosto de Narciso?

E se pelo menos, às custas da sua dignidade, da sua honestidade e do seu livre-arbítrio, o homem pudesse tirar do haxixe grandes proveitos espirituais, fazer dele uma espécie de máquina de pensar, um instrumento fecundo? É uma pergunta que ouvi com freqüência e que respondo. Primeiro, como expliquei demoradamente, o haxixe não revela ao indivíduo nada mais que o próprio indivíduo. Como é verdade que esse indivíduo, por assim dizer, é elevado ao cubo e levado ao extremo, e igualmente certo que a memória das impressões sobrevive à orgia, a esperança desses utilitaristas não é, à primeira vista, totalmente infundada. Mas façam o favor de observar que os pensamentos de que eles pretendem tirar tamanho proveito não são realmente tão belos quanto parecem sob o seu disfarce momentâneo e recobertos de ouropéis mágicos. Provêm mais da terra que do céu e devem boa parte da sua beleza à agitação nervosa, à avidez com a qual o espírito se lança sobre eles. Depois, essa expectativa é um círculo vicioso: admitamos, por um instante, que o haxixe proporcione ou, pelo menos, aumente o gênio, mas não se esqueçam que é próprio da natureza do haxixe diminuir a vontade; assim, ele dá de um lado o que tira do outro, isto é, a imaginação sem a faculdade de aproveitá-la. Enfim, supondo um homem bastante habilidoso e bastante vigoroso para escapar a essa alternativa, é preciso levar em conta outro perigo, fatal, terrível, aquele de todos os vícios: todos estes logo se transformam em necessidades. Quem recorre a um veneno para pensar, logo não poderá pensar sem veneno. Você faz idéia da sorte terrível de um homem cuja imaginação paralisada não seria mais capaz de funcionar sem haxixe ou ópio?

Nos estudos filosóficos, o espírito humano, imitando a marcha dos astros, deve seguir uma curva que o leve ao ponto de partida. Concluir é fechar um círculo. No início, falei desse estado maravilhoso, em que o espírito do homem se encontrava, às vezes, projetado como que por uma graça especial. Disse que, aspirando sem cessar a reavivar suas esperanças e elevar-se ao infinito, ele demonstrava, em todos os países e em todos os tempos, um gosto frenético por todas as substâncias, inclusive perigosas, que, exaltando a sua personalidade, podiam suscitar por um instante a seus olhos aquele paraíso de ocasião, objeto de todos os seus desejos; e que, enfim, esse espírito audaz, conduzindo sem saber até o inferno, dava provas, assim, da sua grandeza original. Mas o homem não é tão abandonado, tão privado de meios honestos de ganhar o céu, para que seja obrigado a recorrer à farmácia ou à feitiçaria; ele não precisa vender sua alma para pagar as carícias embriagadoras e a amizade das huris (16). Que é um paraíso que se compra às custas da salvação eterna? Imagino um homem (direi um brâmane, um poeta ou um filósofo cristão?) colocado no Olimpo árduo da espiritualidade; em torno dele, as Musas de Rafael ou de Mantegna, para consolá-lo de seus longos jejuns e preces assíduas, realizam as danças mais nobres, fitam-no com os olhos mais doces e os sorrisos mais luminosos; o divino Apolo, esse mestre de todo saber (o de Francavilla, de Albert Dürer, de Goltzius ou de outro qualquer, que importa? Não há um Apolo para todo homem que o mereça?), acaricia com seu arco suas cordas mais vibrantes. Abaixo dele, ao pé da montanha, nos arbustos e na lama, a turba dos humanos, o bando dos párias, simula as caretas do prazer e solta gritos, que a mordida do peixe arranca. E o poeta contristado se diz: "Esses pobres coitados que não jejuaram, nem rezaram, e que recusaram a redenção pelo trabalho, pedem à sua magia negra os meios de se elevarem, de uma só vez, à existência sobrenatural. A magia os engana e acende, para eles, uma falsa felicidade e uma falsa luz, enquanto que nós, poetas e filósofos, regeneramos nossa alma pelo trabalho continuado e pela contemplação; criamos, para nosso uso, pelo exercício assíduo da vontade e pela nobreza permanente da intenção, um jardim de verdadeira beleza. Confiantes no lema que diz que a fé move montanhas, realizamos o único milagre que Deus nos permitiu!"

Notas

(1) Esta dedicatória corresponde, na verdade, a *Os paraísos artificiais*, título sob o qual Baudelaire agrupou *O poema do haxixe* e *Um comedor de ópio*, publicados precedentemente na *Revue Contemporaine*. O último texto é a análise, de que Baudelaire fala mais adiante, do livro de Thomas de Quincey, *Confissões de um inglês comedor de ópio*. Quanto à mulher a quem dedicou o livro, não se sabe quem seja.

(2) Trata-se de Auguste Barbier (1805-1882), poeta francês de grande sucesso em seu tempo, membro da Academia a partir de 1869. Consagrado por seus *Ïambes*, compunha principalmente poemas de fundo social, como *Lazare*, em que deplora as misérias do operariado da Inglaterra e Irlanda. Baudelaire analisou a sua obra na segunda de suas *Reflexões sobre alguns dos meus contemporâneos (Revue fantaisiste, 15/07/1861)*.

(3) *Velho da Montanha* – assim era chamado o chefe dos haxixinos, Hassan i-Sabbah. Os haxixinos eram uma seita xiita ismaelita.

(4) Parte da Península Arábica. O termo vem de Plínio, o naturalista (23-79 d.C.), que dividia a região em *Arabia Petraea* (ocupada pelos romanos, com capital em Petra), *Arabia Deserta* e *Arabia Felix*. Note-se que, já na época do Império Romano, a *Arabia Felix* era fornecedora de drogas.

(5) Baudelaire comete, aqui, um pequeno equívoco. O cânhamo é da família das moráceas.

(6) Teatro de marionetes e sombras chinesas.

(7) *Esther*, tragédia de Racine. A cena em questão é a 5ª do 3º ato.

(8) Meissonnier, Ernest (1815-1891), pintor francês de grande sucesso em seu tempo, acompanhou o estado-maior de Napoleão III na Itália, quando concebeu uma série de quadros épicos exaltando o imperador. Pintou um retrato de Madame Sabatier, grande paixão (platônica) de Baudelaire, que lhe dedicou vários poemas das *Flores do mal*.

(9) Técnica de pintura que, criando a sensação de tridimensionalidade, dá a ilusão de que os objetos e figuras representados são reais (*trompe-l'oeil* = engana o olho).

(10) Essa imagem da goela de metal reaparece num poema das *Flores do mal*, "O relógio" (1860): *Mon gosier de metal parle toutes les langues* (Minha goela de metal fala todas as línguas).

(11) Fourier, Charles (1772-1837), célebre utopista francês, propôs uma nova organização social

baseada em "falanstérios", coletividade de trabalhadores em que a "atração passional" substituiria os moldes econômicos, sociais e morais da civilização atual.

(12) Swedenborg, Emanuel (1688-1772), filósofo e cientista sueco, criou uma religião cujos seguidores norte-americanos fundaram a "Igreja Geral da Nova Jerusalém". Místico e visionário, dizia possuir um "segundo olho", graças ao qual forneceu descrições topográficas minuciosas do céu e do inferno, tendo relatado também, detalhadamente, conversas com anjos e demônios que teria tido em sonhos. Karl Jaspers atribui tais visões à esquizofrenia, mas muito se parecem com as que assaltam um "comedor" de ópio ou haxixe.

(13) Pasto.

(14) *Melmoth, o homem errante*, romance fantástico (ou "frenético", como o qualificava Charles Nodier), do irlandês C. R. Maturin (1782-1825).

(15) Pois teria aceito, sim: numa carta à Sra. Hanska (que viria a ser a Sra. de Balzac), de 17-26/12/1845, Balzac diz ter experimentado o haxixe. Quanto a Louis Lambert, é o personagem central do romance homônimo do autor da *Comédia Humana*, publicado em 1832.

(16) As lindíssimas mulheres com que, segundo o Alcorão, os muçulmanos se casarão no Paraíso.

Outros títulos da Coleção *B*

A Feiticeira
Jules Michelet

Jules Michelet nasceu em Paris em 1798. Historiador, foi chefe da seção histórica dos arquivos nacionais e professor no College de France. No entanto, ele escreveu também sobre a natureza e sobre a alma, onde se enquadra esta obra. O texto, que vê a feitiçaria como a religião original da Europa, trata da formação dessa misteriosa entidade feminina intitulada *feiticeira*, situando sua origem na Idade Média. Obra impressionante e de grande magnitude, lida até hoje por muitas e diferentes gerações.

Vícios não são Crime
Lysander Spooner

Lysander Spooner nasceu em 1808 em Massachusetts. Envolveu-se no Pensamento Livre e opôs-se à escravidão e ao sistema bancário vigente à sua época. Tornou-se advogado, empreendedor e político radical e criticou abertamente a economia político-financeira. *Os Vícios não são Crime* é uma arguta contestação do *stablishment* norte-americano do séc XIX que traz grande contribuição à compreensão dos mesmos.

Insultos a Chefes de Estado
Lysander Spooner

As Máscaras do Destino
Florbela Espanca

O Louco
Khalil Gibran

Leia também da Editora A

A Coleção **Arca da Sabedoria** é um extraordinário conjunto de textos que retratam distintas culturas do mundo todo. Nela encontramos narrativas de cunho ora lendário, ora histórico como contos, fábulas, poemas e outros gêneros que fazem renascer nos adultos o gosto pelo maravilhoso, e nas crianças e nos jovens o estímulo de sua imaginação!

Contos Budistas da China

Os textos aqui apresentados são oriundos do antigo compêndio intitulado *Tri-pitaka* e apresentam ora um fundo doutrinário, ora uma moral. Os temas variam enormemente — o que confere um colorido especial à obra apresentada: a verdade, a amizade, a caridade, a razão, a justiça, a infidelidade e o ressentimento são alguns deles.

Contos Mágicos Vikings

Nos contos recolhidos nesta obra, estão retratados os imaginários de personagens vikings e de povos nórdicos que herdaram suas tradições, sobretudo dos primeiros tempos do Cristianismo nas terras do Norte (Dinamarca, Islândia, Noruega e Suécia).
Esses personagens incluem fantasmas, fadas, criaturas das águas, elfos, trols, bruxas e magos, com seus livros e objetos mágicos. O conjunto único de características desse universo *viking* confere, assim, uma tonalidade mágica às tramas que nele se desenrolam.

*Contos Mágicos Persas   *Contas da Índia

Viagem pela Arte Brasileira
Alberto Beuttenmüller

Viagem pela Arte Brasileira tem a intenção de ajudar o leitor a penetrar no universo complexo das artes plásticas. O autor, membro da Associação Internacional de Críticos de Arte – Aica – Unesco, oferece ao leitor brasileiro uma viagem pelos saltos e rupturas que formaram a Arte do Brasil a partir do cavernícola, o homem das cavernas, até chegar aos artistas eruditos dos dias atuais.

Walden ou a Vida nos Bosques
Henry David Thoreau

Desde a sua publicação, em 1854, "Walden ou a Vida nos Bosques" se converteu numa bíblia secreta, lida e amada no mundo inteiro. Sem este livro planetário, que une poesia, ciência e profecia, não teria havido Gandhi, o movimento ecológico e a rebelião mundial da juventude. Pelo seu dom de fazer florir o coração do homem, esta obra é uma semente.

Poesias Ocultistas
Fernando Pessoa

Pela primeira vez se oferece ao leitor um conjunto de poesias ocultistas de Fernando Pessoa, um dos ângulos menos conhecidos da vastíssima obra "pessoana". Ele foi um apaixonado astrólogo, que fez mais de 1000 mapas astrais. Mágico e amigo de Aleister Crowley, seria Fernando Pessoa místico? A leitura de "Poesias Ocultistas" sugere inúmeras respostas.

Dicionário Prático de Ecologia
Ernani Fornari

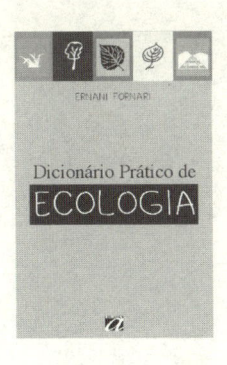

"Agroecologia" designa genericamente o que antes se chamava agricultura alternativa, ecológica, orgânica, biológica, biodinâmica e natural. Este livro foi o resultado de vinte anos de intensa atividade do autor como produtor rural, estudando e pesquisando "agroecologia", e atuando como diretor da Coonatura, uma ONG pioneira na produção de alimentos orgânicos.